Dalia Ismail

Aux mérites de mes souffrances 1

Dalia Ismail

Aux mérites de mes souffrances 1

La foi

Éditions Muse

Cover image: www.ingimage.com

Publisher:
Éditions Muse
is a trademark of
Dodo Books Indian Ocean Ltd., member of the OmniScriptum S.R.L Publishing group
str. A.Russo 15, of. 61, Chisinau-2068, Republic of Moldova Europe
Printed at: see last page
ISBN: 978-620-3-86628-5

AUX MERITES DE MES SOUFFRANCES

PROLOGUE

Appelez moi Lady D .(je fais référence à Lady Diana ,un exemple pour moi . Une personnalité qui m'inspire.Paix à son Âme.).

Dans ce livre, je vous fais part de l'histoire de ma vie. Vous comprendrez à travers mes expériences, que tout au long de votre existence, il ne faut jamais rien prendre pour acquis. Du jour au lendemain tout peut être chamboulé. Il y a certaines choses que vous ne pourrez pas contrôler, mais une chose est sûre c'est que vous pouvez contrôler vos choix et vos décisions. Votre destin est entre vos mains, alors à vous de savoir comment vous vous orienter sur la réalisation de vos rêves. Un mauvais choix aurait des conséquences néfastes. Toute mauvaise décision que vous prendrez sera une facture de plus à payer.

J'aimerais ouvrir les yeux aux pères, mères, adolescents, hommes ou femmes. Que vous puissiez voir un peu plus clair les conséquences de nos réactions envers tout individus (vos enfants, vos frères, vos sœurs, vos proches ...). Chaque Details compte.

Je ne vous donnerais pas trop de précisions sur les lieux exactes et les noms des personnages qui apparaitrons dans ce livre, car je préfères rester dans l'anonymat. Je ne veux surtout pas que qui que ce soit de mon entourage se sente visé , mais mon histoire , est une histoire bel et bien inspirante et ça serait dommage de ne pas la partager , afin de venir en aide à toutes les personnes , qui auraient à vivre certaines expériences similaires à celles que j'ai vécue.

Il s'agit d'un passé , d'un présent et d'un futur. Il s'agit de Tout ce qui pourraient vous arriver, ce que ça pourrait vous apporter, en tant que personne , et ce sur quoi tout ça va débaucher.

Dans un cas général , il s'agirait de notre développement personnel , dans ce monde. C'est des choses qui peuvent arriver à n'importe qui..Vous verrez , que rien arrive au Hazard , toute chose a une raison , et peu à peu , nous finissons pas comprendre le pourquoi du comment.

Dans ce livre ,chacun de vous se retrouvera.

Ce livre a été conçue pendant que je vivais chaque histoire évoquée , comme un journal intime .Et donc plus vous avancerez dans la lecture , plus vous évoluerez avec l'histoire. Tout est basé de faits réels et récents.

Ce livre est une évolution continuelle de chaque fait conté. J'ai commencé à l'écrire précisément après mon divorce .

Ps : vous êtes ce que vous pensez.

CHAPITRE 1 :MON ENFANCE,MARQUE D'UN GRAND MANQUE DE CONFIANCE ET D'AFFECTION.

Originaire d'une grande famille ,de 6 enfants et dont moi j'en étais la cadette , j'ai eu une enfance assez compliquée. Je suis née à une période où mon père était atteint d'un cancer. Mes parents m'ont eu tardivement ; mes grand frères et sœurs étaient déjà tous bien plus grand que moi et donc les choses étaient compliquées pour moi.

Je pourrais commencer par vous parler de l'un de mes beaux frères ,Ramy ,qui est d'actualité ;l'ex de ma sœur ainée ,Fanny , qui avait pris le pouvoir de m'éduquer , car ma mère ,elle ,très prise par le travail et mon père assez vieux et fatigué , était très dur avec moi .Je n'étais qu'une petite fille innocente , comme pour la plupart des enfants ;il m'arrivait souvent d'avoir de mauvaises notes a l'école .mais j'étais tout le temps jugé par ces dernières ,quand j'avais pas assez bien travailler ,non seulement on me traitait de nullarde ,d'une moins que rien ;je me faisais giflé , mais j'étais punis pratiquement tous les weekend de mon enfance et ma très chère famille , n'a jamais chercher à comprendre qu'elle était la raison pour laquelle j'avais pas de bons résultats ,j'étais juste censée apprendre mes leçons et exécuter. Leur Solution était la sanction. Ils avaient des comportements avec moi qui me rabaissaient sans cesse ;Au lieu de me permettre de forger ma personnalité ,ils me cassaient les ailes .Ma valeur était définie par la moyenne que je pouvais leur rapporter chaque fin de trimestre .

Au final c'est ma famille , je ne pourrais dire qu'ils ne m'aimaient pas mais je dirais plutôt ; qu'aucun de mes frères et sœurs ne comporte aujourd'hui ne se comporterait de la sorte avec l'un de ses enfants ,comme eux le faisaient avec moi.

Ma mère et moi n'avons jamais été sur la même longueur d'onde .40 ans de différence d'Age ,et deux générations complètement parallèles. Ma mère était une femme sévère , elle n'a jamais vraiment essayer de me comprendre .Je ne dirais pas qu'elle le faisait exprès , mais c'était sa nature. Son moyen le plus fort dans l'éducation qu'elle nous transmettait , était la violence .Elle n'était pas très communicative , il suffisait de faire une erreur quelque part , et elle n'hésitait pas à balancer ses mains contre ma peau.

Faites attention , je ne dis pas qu'elle était méchante , bien au contraire , elle essayait de nous faire plaisir autant qu'elle pouvait , a moi et au reste des membres de la famille .Mai je dis qu'elle ne savais tout simplement pas s'y prendre.Elle avait son caractère que je ne. Pouvais pas changer.

Mon père était très affectif avec moi , j'étais son petit bebe , et il ne m'avait jamais porté main. Il demandait toujours à tout le monde de prendre soin de moi. Je n'ai pas eu cette chance d'apprendre à mieux le connaitre , mais je sais que c'était quelqu'un de merveilleux. Je l'ai vu mourir à petit feu , sous mes yeux , de jour en jour , voir sa situation s'empirer .Pour un enfant , c'était traumatisant.
Je me souviens encore qu'une fois , avant qu'il ne devienne muet , il m'avait demandé de lui faire un massage à la tête , je le faisais , jusqu'à ce que je remarque , ses cheveux , collés à mes doigts, je ne saurais vous dire exactement ce que j'avais ressentis ce jour la , mais je sais que j'ai voulu arrêter ,et il m'avait demander de continuer de lui masser la tête , ça lui faisait beaucoup de bien. Si je regrette une chose aujourd'hui , c'est de ne pas lui en avoir fait sans qu'il ait eu à me le demander , le peu de jours qu'il lui restait à vivre. Mais je n'étais encore qu'une petite fille et je pense que je ne réalisais vraiment pas ce qui se passait .

Mon père est décédé au début de mon adolescence ,l'une des phases les plus instables d'une adolescente ayant les hormones en ébullition C'est à ce moment que j'avais besoin de plus d'attention , d'affection ;malheureusement pour moi , je n'en ai pas eu assez .

Il est parti , en nous laissant une partie de lui qu'il tenait à cœur , ses œuvres. Eh oui , c'était un artiste , il peignait de merveilleuses toiles , il avait un don .Il pouvait peindre un homme inconnu , qui se révèle après des année , être un terroriste , soit une célébrité ...en gros ,quelqu'un qui se faisait connaitre bien des années après qu'il l'ai œuvré.

Il a fait plein d'expositions, mais n'avait jamais voulu, vendre ne serait ce qu'une seule de ses toiles . Elles étaient pour lui , comme ses enfants . Il avait bien dit une chose à ma mère et mes frères , que s'il ne se faisait pas connaitre pendant qu'il serait en vie , il se ferait connaitre après sa mort.

C'était un homme inspiré, passionné et passionnant et je le garde précieusement dans mon cœur.

A cette période de ma vie , J'avais besoin d'être écoutée , sans être jugée. Ma mère était devenue encore plus sévère , surtout qu'on ne peut pas ignorer le fait que la mort de mon père l'avait affecté intérieurement et je l'avais vraiment trouvé assez forte et courageuse .Je pense qu'elle évitait de pleurer devant nous , pour nous relever .Ma mère avait une mentalité très limitée .J'étais une jeune fille , j'avais besoin de lui parler de mes amourettes , a elle ou à mes sœurs , de leur faire part de «mes chagrins d'amour» ,ou «du petit garçon qui me faisait rougir» ...j'étais un enfant en pleine croissance et je méritais un peu plus d'attention que ça.

Mais en fait, si jamais j'insinuais qu'un garçon faisait battre mon petit cœur , j'aurais été traitée de tous les noms , j'aurais reçu plusieurs gifles , mon frère allait me terroriser , comme il l'avait toujours fait , et j'allais finir punis de sorties comme d'habitude.

Je comprends le fait qu'ils voulaient tous me protéger , mais c'était pas la meilleure manière de s'y prendre .je me sentais persécutée , ils ne s'en rendaient même pas compte , chacun d'entre eux avait ses propres préoccupations.

Pour finir , je me suis refugiée , chez ma belle-sœur ,Sandrine , la femme à mon frère , une femme qui était à l'époque pour moi , la perfection humaine incarnée .J'avais retrouvé en elle ; la mère , la sœur , la meilleure amie , l'ange gardien, la conseillère , que je recherchais. Elle me comblais d'affection, d'attention, elle accordait le moindre intérêt à chaque chose que je lui confiais .Elle m'aidait à avoir confiance en moi , à croire en moi , elle m'écoutait attentivement sans porter de jugements. Elle me comprenait, essayais de m'orienter. Elle me faisait sentir que j'étais bel et bien humaine. Contrairement , à ma mère et mes sœurs , chez elle je retrouvais le pur bonheur et je me sentais tellement en sécurité , que j'ai finis par être terrorisée a l'idée de retourner chez moi .Pour moi , ma famille et Sandrine se définissaient par deux contrastes complètement opposés : le Paradis et l'enfer.

Entre temps ma sœur ainée avait finis par divorcer, je m'étais enfin débarrassé d'un poids lourd .Ramy.Je sais que ce n'est pas très gentil de dire ça comme ça, mais si seulement vous saviez ...

Deux années après son divorce ,elle avait fait la rencontre d'un homme ,Omar, qui lui avait couru après , pendant des mois sans vouloir la lâcher.Il y avait un soucis.I était aussi marié et avait de grands enfants. Cet homme phénoménale, avait réussi à la sensibiliser . Elle avait fini par céder.Et comme vous le savez bien , dans l'islam , la polygamie est permise malheureusement Un homme ne pouvait épouser une deuxième femme ; que si la première était consentante.Par orgueil , sa femme lui avait donné sa bénédiction , dans le but de le faire regretter et le faire revenir à elle .Je n'étais pas du tout d'accord avec cette relation ; même si je n'étais encore qu'une adolescente et que ma parole comptait pour du beurre. J'avais vraiment mal pour la rivale de ma sœur , ça me faisait de la peine , car c'était quand même un foyer en voie de destruction .Heureusement , Fanny a fini aussitôt par retrouver ses esprits , au bout de deux mois de mariage , elle avait demandé le divorce encore une fois .Malgré tous les dégâts que ça avait causé , c'était enfin terminé , et cette famille avait échappé au désastre.

Pendant ce temps ; moi j'étais en phase amoureuse .Mon chéri ,Noé, a l'époque , était le cousin germain de Sandrine(la femme de mon frère).il y avait trois années de différence entre nous .c'était le premier garçon qui arrivait a me faire sentir que j'étais belle .C'était tellement innocent. C'était un amour d'enfance qui avait quand même marqué toute mon adolescence. De l' âge de 14 ans ; jusqu'à la fin de ma 17 -ème année.Après ça j'ai du le quitter , car on avait plus la même mentalité, on avait changé , grandis, et je n'avais plus aucun sentiment pour lui .

En parallèle ,ma relation avec la femme de mon frère ,Rayan, commençais à prendre une autre tournure. Sandrine avait changé ; elle ne me protégeait plus , désormais elle m'utilisait , comme un appas .Elle commençais à devenir dangereuse .Elle ne se gênait plus de mentir , tromper ,manipuler .Toute la gentillesse et la bonté que je voyais en elle , disparaissait .

Je vous l'accorde , mon frère Rayan était un Homme assez compliqué .

Sandrine était peut être une femme qui souffrait terriblement , mais c'était dommage , que cette souffrance se soit transformé en médiocrité..

Rayan par contre , n'a jamais été très affectif .

Dans mon cas , il ne se manifestait , que quand c'était pour me gronder .Ca n'a jamais été le genre de frère qui allait m' appeler pour savoir si tout allait bien pour moi , ou me rappeler que je pouvais compter sur lui. Il m'avait toujours terrorisé , j'avais toujours eu peur de lui .Il était excessivement nerveux , on ne pouvait pas avoir une discussion normale avec lui , sans qu'il ne finisse par exploser comme une bombe. Alors imaginez un peu ,malgré le fait que je ne trouvais aucune excuse au mal que sa femme faisait ,comment ça pouvait être la vie avec lui . Mais le problème de Sandrine était bien grave. Elle avait trompé mon frère et était tombé amoureuse de son meilleur ami et s'était faite prise .Dans ce cas , quelque soit ce qui pouvait lui arriver de pire venant de mon frère , elle devait assumer , car des le début elle aurait pu tout simplement être sincère avec lui et opter pour une séparation .

Elle était devenu ce genre de personnes qui pouvaient me dégouter par ses plan machiavélique.

J’avais toujours été impressionnée par ces femmes , qui pouvaient avoir un volcan en éruption en elle , et qui arrivait à garder leur calme , leur sérénité et utiliser ce mal pour contribuer au bien-être des autres..pleines de sagesse .En bref, Je pense qu’elle aurait pu tout simplement être une de ces femmes .

Concernant mes études , mes deux dernières années scolaires , étaient les meilleures , j’étais concentrée et j’adorais le fait que je devais passer le bac , c’était un challenge pour moi , même si ça n’avait pas été facile , car j’étais de nature a trop stresser , et ma mère ne me facilitait pas la tâche , car elle ne croyait pas en moi .Mais j’essayais de rester concentré , de ne pas perdre ma motivation , et il y avait ce prof que j’adorais , qui a essayer autant qu’il pouvait de de m’encourager à chaque fois que j’en avais besoin.

Ça a été pour moi l’une des périodes , les plus excitantes et les plus belles de ma vie , elles étaient pleines d’émotions et j’avais appris beaucoup de choses sur moi-même que j’ignorais , et j’avais compris que rien n’était impossible .Quand on voulait quelque chose , il fallait faire tout ce qui était nécessaire pour l’avoir .Une fois tous les efforts possibles faits , il suffisait de garder la foi. Et DIEU ferait le reste.

CHAPITRE 2 : L'AGE ADULTE, LA DECOUVERTE DE LA VRAIE SOUFFRANCE.

A ma dix huitième année , après avoir eu mon bac , avec mention , mes parents avaient décidés que je continuerais mes études dans le même pays .Je me suis inscrite à l'université , et le jour de mon inscription , j'ai rencontré un jeune homme ,Akil , qui était le fils de Omar ,Vous vous souvenez ?« le second mariage »de ma sœur aînée Fany .Et donc le fils de mon ex beau-frère scandaleux.

Je le trouvais un peu trop égocentrique, imbus de lui-même, et il avait tendance à me taper sur le système .Lui , il était en deuxième année universitaire .On avait un cours en commun , et c'était l'anglais.IL s'asseyait a coté de moi ,et passait son temps a me taquiner en me disant « qui aime bien châtie bien » .

Aussi fou que pouvait être le destin ,c'était le début d'un coup de foudre .

Une chose qui nous avait si bien marquée , c'était ,qu'a la suite de ses provocations , je le menaçais avec une crayon et donc j'étais devenu , « son assassine ».Et ça nous faisait bien marré.

Akil était très attentionné avec moi , mais devenait de plus en plus possessif et jaloux. J'avoue qu'au début ça me plaisait bien jusqu'à ce qu'il fonce dans l'exagération et qu'il devienne, ce qu'on appelle « un pervers narcissique ».

Le problème n'était pas là , mais du fait que lui et moi étions fous amoureux à l'époque , mais on vivait un amour interdit. On a déclenché une guerre à laquelle il fallait se battre chacun de son coté , contre sa famille , pour gagner la bénédiction de notre union.

Au delà de tout ca , comme si tout ce que je subissais n'était pas assez déjà , je recevais des menaces de partout.
Les filles de ma génération , étaient bien plus occupées à parler de ma vie ,que de gérer la leur. Elles voulaient toutes , à l'époque être la bien aimée d'Akil et connaissant les antécédents familiaux qu'il y avait entre nos familles , elles n'hésitaient pas à m'en faire baver.

Je me rappelle bien de cette fille ,Sarya, que je considérais comme ma sœur , celle en qui j'avais le plus confiance à l'époque, qui ne s'était pas gênée de me poignarder dans le dos.

Avait elle peut être espoir ,que quand il me quitterais , il lui ferait sa demande ? Je ne le saurais jamais . Mais une chose est sure , c'est qu'elle est sortie de ma vie et j'en étais soulagée car elle m'en avait fait baver.

Et encore , bien plus grave que ça , Noé (mon amourette d'enfance)a ressurgit , n'acceptant pas le fait que je sois passée a autre chose, a bel et bien voulu se venger de moi pour l'avoir quitté, et me se gênait donc pas d'envoyer ses amis appeler Akil et tenter de me salir et me transmettre des menaces.

Il y avait eu pleins d'affrontements entre Akil et lui à l'époque ,car j'étais aimée par les deux et les deux me voulaient .Mais Je me disait que par tout l'amour qu'il me portait il devait me libérer et permettre d'être heureuse même si je n'étais plus avec lui .

La femme de mon frère , n'avait pas été fidèle a lui, et les gens l'ont découverts, et les rumeurs se sont mis à se propager partout, et pour se sortir de situation , sachant que si Rayan savait que je continuais a parler a Akil , il m'aurait fait voir de toutes les couleurs. Elle s'est mise a me menacer, a lancer des rumeurs et me faire passer pour une folle , pour détourner l'attention d'elle ,et que Rayan ne soit concentré que sur mon cas.

Ca n'avait pas durer longtemps , car on dit que quand le mensonge prend l'ascenseur , la vérité prend les escaliers .Malgré que tout le monde témoignait sur elle , mon frère lui, refusait de voir les choses telles qu'elles étaient. J'ignorais encore s'il s'agissait de son orgueil ou de l'amour qu'il portait a cette femme , mais c'était impressionnant , au point ou plus personne n'avait aucun respect pour l'homme qu'il était. Il était considéré comme un bel idiot.

Ça a été plus que dur pour moi d'avoir a vivre tout ca , surtout que je commençais l'Age adulte , et que j'étais plutôt censée être épanouis et me sentir fraiche .

Entre temps , Akil et moi avions souffert le martyr , on essayait de se séparer , en pensant que c'était la meilleure des solutions , mais on arrivait pas ,on finissait toujours , par se remettre dans les bras l'un de l'autre.

Il représentait pour moi, a l'époque, tout ce que j'avais de plus cher ;malgré le fait que pour lui , j'avais changé ma vie ,abandonné mes amis , perdus des êtres chers , et la confiance de ma famille.

J'étais prête a tout pour rester avec lui.

A un moment donné , j'étais tombée dans le déni , car je n'arrivais pas a accepter le fait que j'étais obligée de me séparer de lui ;l'amour que je lui portais était bien trop fort. Je refusais d'écouter ce que mes parents avaient a me dire , je le voulais lui et c'est tout.

Ma famille , m'a même fait voyager au Liban , pendant 4 mois pour me séparer de lui, mais il n' y avait rien à faire , je l'aimais et je savais qu'il m'aimait.

Pendant cette rupture , Noé et moi , nous étions réconciliés amicalement.Je dirais que nous avions même faillit retenter de se remettre ensembles ,et là il était prêt à s'engager sérieusement .Hélas il avait remarqué que j'étais toujours amoureuse de Akil et que mon cœur n'aurait plus jamais été à lui . Il m'avait soutenu , car j'étais en dépression , malgré le fait qu'il m'aimait encore et que moi je souffrais par amour pour un autre.

J'avais voulu revenir dans le pays dans lequel on vivait de base .Ma famille me mettait sans cesse la pression , j'étais dans un état sensible. Encore une fois , ils n'avaient pas su gérer .Au lieu d'être calmes et affectifs avec moi , on me persécutait. Et quand je me mettais en colère , cette fois ci , on ne me punissait pas , mais ils appelaient des infirmières , qu'ils payaient pour me faire des injections de valium .je ne pourrais jamais oublier ce qu'on me faisait subir .Les gardiens m'attrapaient par les pieds et les mains ,je criais de toutes mes forces , pour qu'on me relâche , mais j'étais condamnée .On me piquait d'une force incroyable , sur le fessier , c'était plus que douloureux et terrorisant .On me faisait dormir pendant des jours .Et aucun moyen d'y échapper. Je me souviens , avoir une fois essayé de m'y échapper par la fenêtre , il y avait un immeuble en construction ,collé au nôtre ,ma mère m'a faite passer pour une folle , en faisant croire a tout le monde que c'était une tentation de suicide.

Comme je vous l'avais déjà dis , elle n'avais jamais tenté de m'écouter ou de me comprendre. Elle n'avait tout simplement jamais cru en moi.

Ses intentions n'étaient sûrement pas mauvaises mais j'insiste sur le fait qu'ils ne savaient pas s'y prendre.

A mon retour Akil avait appris que j'étais revenu et avait quand même affronter mon frère en lui faisant comprendre , que personne au monde , ne l'empêcherait , de m'épouser. Et grâce a lui , mes parents ont arrêter de m'approcher avec leur seringues et leurs somnifères .Il leur avait interdit , en les menaçant de porter plainte s'ils essayaient encore.

Des gens de l'extérieur s'en étaient mêler et avaient expliqué à mon frère que s'il nous laissait nous unir on finirait par fuguer et que le mieux était d'arrêter de persister.

Ma famille avait finit par accepter , il était bien préférable de céder a cette union , que de voir leur fille mourir a petit feu.

Il avait défié sa famille aussi pour m'épouser.

Notre solution était de nous unir religieusement pour ne plus que qui que ce soit tente de nous séparer.

Je vous mentionnerais le fait que mon beau-frère Ali avait prit la relève de mon père quand il est décédé et c'est lui qui se chargeait de toute responsabilités concernant les problèmes familiaux.Il était comme un père D'option pour moi .Il pouvait me sembler dur parfois mais je savais bien au fond de moi que c'était pour me forger.

CHAPITRE 3 : LE MARIAGE. UN CHOIX A ASSUMER.

On avait fini par se marier religieusement .Akil avait voulu que j'arrête mes études .

J'avais pas eu droit comme toutes ces filles a une cérémonie , ou a une robe de princesse , a une dance romantique ou a un jour inoubliable .

D'ailleurs même , juste après le mariage religieux chez l'imam, je l'ai accompagné pour assister a son match de foot qu'il devait jouer avec ses amis .Dans le fond ca m'était égal car je l'aimais et je pouvais passer au dessus de tout ca , tout ce qui m'importait , c'était d'être avec lui .

.Une semaine après Mon ex ,Noé , est malheureusement décédé dans un crash .Ca avait été un choc pour moi , car même si on était séparé, et quelques soient ce qu'il aurait pu me faire subir auparavant, ce jeune homme avait quand même marqué des années de ma vie. Et tout ce qu'il aurait pu faire provenait du fait qu'il éprouvait des sentiments pour moi .Que son âme repose en paix.

Triste peut-être de le dire comme ça..mais pendant que j'y pensais, et si Dieu m'avait épargné d'une souffrance..

Imaginez un peu que je l'aimais toujours et qu'on s'était marié ou qu'on était encore ensemble..qu'aurais-je éprouvé ? Même si ça restait quand même dur car il avait fait partie d'une importante partie de ma vie ..Mai rien aurait compensé son absence..

Il est difficile pour d'avoir le courage d'écrire tout ça mais j'essaie toujours de trouver un sens à tout et d'éprouver de la gratitude envers note guide à chaque situation.

Un mois après j'étais tombé enceinte.

On vivait dans un premier temps , chez ses parents ,car c'est ce qu'ils avaient décidés .Vu que Akil travaillait avec son père , il n'avait pas le choix .Il était encore dépendant de ses parents .

La mère d'Akil, Mimi, était une bonne comédienne , elle avait éduqué ses enfants en s'inspirant de haine et elle leur avait appris à être hautains.

Pour elle , la richesse se définissait par l'argent et le luxe , quand à moi la richesse se définissait par l''amour et la bonté.

C'était des personnes qui utilisaient la religion , pour se voiler la face. Ils avaient un cœur si noir ,cachés sous leur voiles .

Ils m'avaient donné l'obligation de porter le voile d'ailleurs .Bien sûr je l'avais mis , je voulais a tout prix être aimée et acceptée par les parents se mon « mari » , par amour pour lui.

Mimi avait fait croire à son fils qu'elle m'acceptait enfin dans sa famille , dans le but de m'exclure rapidement. Elle jouait un grand jeu, elle arrivait même parfois à me convaincre moi même , qu'elle m'aimait , j'avais finis par adorer cette femme en me donnant la chance de croire qu'elle pouvait être bien dans le fond . Alors qu'en fait elle était elle, et ses filles , des diablesses en personnes .Ce qui était douloureux dans l'histoire c'était que moi j'éprouvais de l'amour et de la compassion pour elle et par amour pour lui je résistais en ayant l'espoir , qu'un jour il connaitrait ma valeur et que elle , elle finiraient par changer et se rendre compte que je ne leur voulais aucun mal , bien au contraire.

Dans le passé , j'étais tellement innocente , que je pouvais croire au fait que personne ne pouvait être méchant, qu'on avait tous une conscience qui nous travaillait et qu'il était impossible pour une personne de ne pas se remettre en question .Mais en fait il s'agissait de moi , ma manière de procéder,de penser , et j'étais passer par-dessus le fait qu'on était pas tous pareil. Et que dans la vie si le mal existait , c'est parce qu'il existait des gens qui n'avaient ni âme et ni conscience.

Devant son fils , elle se faisait passé pour la belle mère parfaite , et entre temps , elle n'arrêtait pas de me lancer des piques et d'essayer de me perturber moralement. Elle avait tous les moyens pour le faire , c'était une bonne actrice., elle avait même appris ce jeu malsain a ses enfants.

Elle n'avait peur de rien , même pas de DIEU.

Je n'avais jamais encore vu ça auparavant , a par dans les films télévisés ,ou dans le film De Cendrillon.J'avais du mal a croire , c'était incroyable comment on pouvait être aussi mauvaise. C'était pire que les sorcières dans les contes de fée, car là , il s'agissait de la réalité.

Malgré tout ce que je pouvais vivre , je restais la femme soumise , la belle fille parfaite , j'essayais de leur faire plaisir par tous les moyens. Il suffisait qu'ils réclament quelque chose et j'exécutais de tout mon cœur .Je voulais tellement qu'ils soient tous fiers de moi , ca m'était égal de me rabaisser , ca m'était égal de ne pas avoir de fierté , tout ce que je voulais , c'était être la raison de leur sourires.

Gâteaux par ci , plats spéciaux par la , massages par ci...tout ce que vous pouvez imaginer ..

Je n'essais pas d'exagérer les choses, non. Mais je vous raconte tout ca , car c'était réel.

J'aurais espéré que les choses se passe autrement . Cette femme avait tendance étant en colère a me souhaiter , la mort. Et quand il fallait faire justice devant son fils , elle niait tout ce qu'elle me faisait et disait.

Omar, mettaient la pression à son fils au travail , étant donné qu'il travaillait avec lui, pour qu'il sente que sa vie est gâchée par ma faute .

On arrêtait pas d'essayer de le remonter contre moi , au point ou , la violence était devenu la routine que je subissais avec cet Homme que j'aimais tant. Il était tellement sous pression par leur faute , qu'il se défoulait sur moi. Il me rabaissait sans cesse , le mariage était devenu une condamnation pour moi. J'avais décidé de me sacrifier par amour pour lui et pour la merveilleuse fille qu'on avait eu.je me battais chaque jour , à garder gout à la vie , a essayer de me convaincre, que le meilleur était à venir. Mais je ne voyais que les jours s'empirer de plus en plus.

Je le soutenais , autant que je pouvais , j'essayais de frôler la perfection pour lui , être une femme qui excellait a tous les niveaux. Mais rien ne lui suffisait .Il en demandait toujours plus.

Non seulement sa famille était un gros problème , car elle ne voulait pas de moi , mais Lui était devenu , un homme que je ne reconnaissais plus.

Entre temps , nous avions eu un deuxième enfant , un adorable garçon .

Oui , je le sais , vous vous demander , mais pourquoi être tombé enceinte , si ca n'allait déjà pas.

Alors pour vous répondre , lui déjà , il voulait un deuxième enfant , et quand j'essayais de le raisonner , car il n' y avait pas de stabilité , il trouvais comme prétexte le fait qu'apparemment , je ne voyais pas le reste de ma vie avec lui. Mais moi , Je désirais avoir un deuxième enfant , dans le cas où ,un jour ma fille aurait à se retrouver loin de moi , je voulais quelqu'un a ses cotés , un ami , un frère ou une sœur.

Je souffrais énormément , j'étais seule a me battre pour faire tenir ce foyer. Je devais supporter tous les malheurs que sa famille me faisait subir , et je devais supporter le caractère qu'il portait en lui .Il me traitais comme un animal .Une femme qui n'avait pas de valeurs .Et il était convaincu ,que je devais m'estimer heureuse d'être avec lui. Plus le temps passait , plus il était assoiffé , et plus il tuait ma personnalité et m'avait complétement détruite ma confiance en moi .Et il n'était pas du tout reconnaissant.

Ça ne l'empêchait pas de me battre pendant que je portais dans mon ventre , sa progéniture. A chaque fois , que je pensais au fait qu'il prétendait m'aimer , j'y repensais au fait que quand on aime une personne , on ne lui fait pas de mal , bien au contraire on tache à ce que cette personne soit heureuse.

J'étais tellement naïve . Je l'aimais .J'étais aveuglée ,car malgré tout ce qu'il pouvait me faire vivre, j'arrivais a trouver en lui , tout ce qu'il y avait de plus merveilleux. Mais ce n'était qu'un pervers narcissique.

Il ne s'est jamais rendu compte de tout ce qu'il aurait pu me faire vivre , car il s'en foutait , tout ce qui lui préoccupait l'esprit c'était son ego , rien que son ego .

Et Pendant que j'y pensais .mon frère lui ressemblait beaucoup.

Pendant toutes ces années , parfois j'en arrivais au point , ou j'avais l'impression , que j'étais celle qui payais les pots cassés des erreurs antérieures que chaque membre de ma famille , aurait pu faire dans sa vie .

Mes malheurs , étaient interminables , et pourtant , j'étais le genre de personne qui gardait foi , qui priait beaucoup , et croyais Fait que Rien n'échappait à Dieu..

CHAPITRE 4 : LE DIVORCE, LA LIBERATION.

Mon fils venait d'avoir un an , et les problèmes entre sa famille et moi ne faisaient que s'amplifier .J'en étais arriver au point , ou je me faisais insulté sous ses yeux par sa mère , son père, son petit frère , ses sœurs , et il ne disait rien , sous prétexte qu'il ne voulait pas dramatiser les choses. Moi je me sentais comme une moins que rien , toute petite sans aucune valeur .

Son père ne s'était pas empêcher d'insulter chaque membre de ma famille, au point même d'insulter mon propre père , qui était couché dans sa tombe. J'en avais assez, la goutte d'eau avait débordée et lui il ne faisait rien pour arranger les choses.

Quel était cet amour aussi nuisible ?

Je commençais a ouvrir enfin les yeux .Il était temps que tout ca s'arrête . Non seulement lui , il me portait mains , mais son père voulait commencer a le faire , et lui toujours dans l'ombre sans réaction .En fait j'étais sans protection. J'étais vouée a souffrir toute seule .je n'avais pas un vrai Homme dans ma vie .

Sa mère m'avait même faite sous entendre qu'elle voulais que je finisse avec un suicide.

Si je continuais a vivre dans cette famille , ils allaient finir par me rendre folle. Et apparemment c'était bel et bien leur objectif. Ils étaient en train de me faire fuir.Leur objectif était que je succombe aux pressions..Je croyais qu'ils voulaient a tout prix , protéger l'héritage de leur fils , ils voulaient couper l'alliance de nos noms , me faire sortir de cette famille .Je sentais que quelque chose ne tournait pas rond , et lui était bel et bien complice.

C'était noël , et j'avais demandé le divorce.

SI moi , avec tous les efforts que je faisais depuis tant d'années , tout l'amour que j'aurais pu lui donner , la femme économe que j'étais , la cuisinière et putain parfaite que j'étais avec lui ,il n'était pas capable de reconnaitre ma valeur , dans ce cas là j'avais décidé de la reconnaitre moi-même et il était grand temps que ca arrive.

Du jour au lendemain , suite a une grande dispute entre lui et moi , causé par sa mère , j'avais décidé de partir , il n'avait bien sûr , rien fait pour me retenir , et ca ne m'étonnait pas. Je pense que c'était ce qu'il attendait.

Les derniers mots qu'il m'a laissé entendre, étaient que j'étais moche , qu'aucun homme ne voudrait de moi , que j'étais jalouse de sa mère et ses sœurs car elles étaient bien trop belles et moi Affreuse.

Et encore une autre phrase « Tu rêves, tu ne seras jamais ,ni ma fleur , ni celle d'un autre .Tu reviendras me sucer les orteils. »

J'ai bel et bien retenu, tout ce qu'il m'avait dit , sans avoir mal , mais en le prenant comme un défis.

Il venait de faire naitre en moi , ce qu'il n'aurait pas du :Une Lionne.

Car je me suis juré de bien me rappeler de ses paroles chaque jour après la séparation dans les moindres détails et de ne plus jamais permettre a qui que ce soit me faire tomber. Cette fois ci quand la vie me dira « non » , je comptais lui Dire « SI. ».

J'ai quitté avec sérénité , j'avais nettoyer de ma propre main la maison , ranger mes affaires, celles des enfants , je lui avais même allumer les bougies , mis des senteurs , nettoyer le frigo et ranger ses vêtements .Je lui avais même laisser mes lingeries fines dans son armoire , me disant qu'il éviterait de payer de l'argent s'il voulait en offrir a ses courtisanes, étant donné que le connaissant parfaitement, c'est un homme , qui ne perdait pas de temps .

Et je suis partis.

C'était la dernière fois que je voyais cette maison. Et croyez moi que j'en étais pas du tout triste.

La seule chose qui pouvait être drôle ce jour la , était que j'avais quand même , pris les sapins et la déco de noël avec moi .Je n'allais quand même pas gâcher noël pour ca ?

Mais non , Noel c'était bien trop important pour moi .

Je ressentais ce jour , que toute la force et l'Energie du monde demeurait en moi .Je me sentais courageuse, comme si je venais de faire un exploit.

Mon frère n'était pas là le jour du divorce c'était Ali mon beau-frère. Mais ce n'était pas grave ,je me contentais d'accepter les choses telles qu'elles étaient.

Le temps passait et J'étais contente d'être sorti la tête haute , la conscience tranquille, et surtout en ayant donné le meilleur de moi-même. Je commençais a réaliser combien j'avais de la valeur. Je commençais a me sentir belle. Apparemment , ses mots ont eu , un effet contradictoire .Au lieu de me casser les ailes , cette fois ci , il me les avait relevées. C'était incroyable , je réussissais , a transformer toute onde négatives ,en Energie positive.

Il y a une chose importante , que j'aimerais évoqué , c'est le fait que j'avais trois anges gardiennes a mes cotés ,qui ne me laissaient pas tombé , qui ont toujours été la , mes meilleures amies , les sœurs que la vie a oublié de me donner , Yasmine , Karen et Mirea.

Yasmine c'était la femme brune au corps d'une vraie femme dans le bon sens du terme .Elle avait tout ce qu'il fallait la ou il faut .C'était une femme incroyable .Elle avait épousé un homme divorcé qui avait déjà deux enfants , mais c'était l'un des plus beaux couples que j'aurais pu voir de ma vie. Ils étaient très complices , il l'a traitait comme une Barbie .Ils se méritaient tous les deux , car c'était des personnes magnifiques , qui avaient de belles âme , et sincèrement c'était la preuve que Dieu vous donne toujours ce que vous méritez , car ils s'étaient bien trouvé tous les deux .Elle, malgré le fait qu'il y avait pas une grande différence d'Age entre nous , c'était comme une mère pour moi , elle connaissait les moindres détails de ma vie et me connaissais assez pour me guider. Elle était en tant que personne , une femme , une mère , une sœur et une amie parfaite. Elle excellait a tous les niveaux. C'était une femme forte , indémontable , toujours aux soins de tout le monde , mais en même temps , rien de plus sensible .Elle était incroyable .

Karen ..Vous voyez les princesses des contes de fée ?A chaque fois que je pense a elle , mon esprit la relie a ces personnages féeriques. Il lui restait juste des pouvoirs magiques , et elle ferait de ce monde , un merveilleux conte de fée , ou tout le monde est heureux , émerveillé et tout est parfait. Quand vous la regardez , vous voyez en elle non seulement , physiquement mais aussi dans sa personnalité , une parure de princesse au cœur d'ange. Je l'adorais . Chaque fois que je baissais les bras , elle savait comment me motiver et me remettre sur pied .

Mirea , Un exemple sur terre , elle , elle me faisait penser à un ange descendu sur terre .Elle me faisait penser à la mère Theresa. C'était une perle rare. Elle avait un cœur tellement profond .Je ne saurais vous la décrire parfaitement , mais j'avais jamais vu une personne aussi douce ,protectrice et généreuse, qu'elle .Elle avait tendance à penser à tout et tout le monde. Elle voulait venir en aide au monde entier. Elle voulait sauver le monde .Elle était incroyable. Rien ne l'arrêtait .Ambitieuse , patiente , passionnée ..elle composait en elle , tout ce qu'une femme pure devrait avoir.

J'avais reçu beaucoup de soutien , j'avais été bien trop étonnée de voir même certains membres de la famille de mon ex m'apporter du soutien.

Mais j'avais vraiment été déçu aussi , certaines personnes que je croyais être de bons amis m'avaient poignarder dans le dos , m'avaient laisser tombé. Comme on le dis si souvent , c'est quand tu tombe dans les problèmes, que tu découvres qui sont tes vrais amis.

Le jour du divorce , j'étais tellement sereine , on avait même l'impression que j'allais célébrer quelque chose de spécial.

Lui , par contre avait l'air très nerveux , et surtout touché par mon calme et mon enthousiasme pour le divorce.

Ca avait été enfin fait. Nous avions divorcé. Je n'étais plus sa femme et j'en remerciais le ciel .Tout ce que je souhaitais du plus profond de mon âme , c'était que lui et toute sa famille me le paye très cher. Car ils m'en avaient vraiment fait baver. ET lui n'avait même pas essayer de me rattraper , il m'avait laisser partir sans rien dire.

Trois semaine après le divorce , Il s'était directement fiancé. Tout s'expliquait naturellement. Ils avaient déjà tout prévu .Je pouvais croire que ses parents étaient très mauvais , que lui était un égoïste , mais jusqu'à me faire autant de mal , moi , la mère de ses enfants ? Cette femme pour qui il avait fait la guerre au monde ? J'y croyais pas.

Pendant deux heures j'étais restée couchée sur le lit , dans ma chambre , enfermée ,observant le plafond , mes larmes coulaient .

Apres une longue méditation , je m'étais rendu compte , qu'il était hors de question , de rester la , en train de me morfondre , pendant que lui , s'en foutait et était heureux.

Je m'étais levée , habillée et j'étais sortie de la maison , la tête haute , j'étais allé précisément dans un restaurant , dans lequel sa sœur y était tout le temps. J'étais rentrée avec un grand sourire , la tête levée , je voulais qu'elle comprenne , que quelque soit le mal qu'ils essayeraient de me faire , ils ne réussiront jamais a me faire tomber .J'en valais bien mieux que ca.

CHAPITRE 5 : NOUVELLE VIE, NOUVELLE MOI

Plus le temps passait , plus je me sentais forte. Les gens étaient étonnés par ma force et mon courage. Certaines femmes s'inspiraient de mon histoire et de la manière dont je l'avalai vécue pour surmonter leur épreuves.

Les gens m'apportaient beaucoup de soutiens ,et mes copines ne me laissaient pas d'une seule semelle.

J'avais commencer à travailler dans l'une des société de l'un de mes beau frère ,Ali , j'étais gérante et son partenaire , Riwane, quelqu'un de très sympa ,était directeur commercial .

J'avais faite la connaissance du frère de Riwane , Samy, un Homme , très gentil , qui avait eu une expérience bouleversante de la vie et qui essayait de me conseiller autant qu'il pouvait .

Je sentais que je renaissais a nouveau , et cet homme m'était envoyé par le bon Dieu .

Quand je le voyais , je ressentais comme des papillons dans le ventre , je rêvassais, et parfois même , il m'arrivait de pleurer car je ne comprenais pas ce qui m'arrivait.

A ce moment la , je crois que je commençais a avoir des sentiments pour ce jeune homme ..

Etait il possible d'avoir des sentiments pour un homme , aussi vite , alors que je venais de sortir d'un terrible divorce ?d'une relation qui avait duré sept années ? Cela m'inquiétait ...

Apres quelques temps , je m'étais suis rendu compte , qu'en fait , après 7 années partagées avec un homme qui m'avait fait souffrir le martyr , Samy , était le premier homme à me sourire et me regarder d'un œil affectif , au moment où j'en avais le plus besoin , ce qui m'avait envoyé à croire que je commençais à éprouver de l'amour pour lui , mais en fait ce n'était que de l'affection .

Samy et moi étions devenus très amis , malgré le fait qu'on se querellait beaucoup. C'était du au fait , qu'il y avait énormément de ressemblance entre lui et moi .On avait le même caractère , la même mentalité , la même personnalité .C'était incroyable .J'avais l'impression qu'il était ma forme masculine et moi sa forme féminine .N'empêche que lui , c'était un homme , donc il était beaucoup moins sensible que moi. C'était devenu mon Meilleur ami .

Entre lui et moi , il y avait tellement de tensions parfois , qu'au final , une distance s'était établit naturellement , mais on restait là l'un pour l'autre , en cas de besoin .

Riwane , lui , était un grand frère pour moi , on se conseillait mutuellement autant qu'on pouvait , surtout que lui aussi , venait de sortir d'un divorce dont il était fautif , mais ce qui était bien , c'est qu'il le reconnaissait .Il avouait avoir merdé et qu'il avait éprouvé beaucoup de regrets.

J'étais bien entourée , les mauvaises personnes étaient sortis de ma vie , et de meilleures étaient rentré .

Avec ma famille c'était compliqué mais il essayaient de faire de leur mieux.

Sans vouloir être catégorique , il y avait bien une de mes sœur , Reina , celle que je suivais dans l'arbre généalogique ,avec qui je n'avais vraiment aucun problème , c'est pour moi l'ange gardien de la famille , elle était dotée de sérénité et de sagesse. Elle avait toujours été la pour moi .Elle avait toujours essayer de me protéger sans même avoir besoin de me l'évoquer , et même quand je ne lui disais rien , elle ressentais mes peines et mes douleurs .C'est pour moi , la douceur incarnée .Je l'adore.

L'ainée Fanny et moi avions jamais été proche, c'est comme avec ma mère, une grande différence d'Age et des mentalités différentes .

La troisième Suzanne et moi nous entendions bien. Elle était dans sa bulle a elle ,elle m'écoutait quand j'en avais besoin , essayait d'être présente pour moi , sans pour autant perturber sa propre atmosphère.

La quatrième Lara, la seule période ou nous étions proche , était quand j'étais mariée , avant et après, elle se comportait avec moi comme si je n'avais pas de valeur et ca me blessait .Mais je ne niais pas le fait qu'elle m'avait faite beaucoup de bien a plusieurs reprises.

Au final , ça restait mes sœurs , je les aimais toutes , quelques soient nos différences ,On ne choisit pas sa famille mais on s'adapte et on est reliées par le sang .

Être une femme divorcée ,n'était pas une chose facile .c'était même très désagréable .Quand vous reveniez chez vos parents , alors que vous étiez responsable , vous aviez votre maison , vos instructions, votre bulle à vous ..

Au final , j'avais finis par m'habituer , c'était dur de faire comprendre à ma mère , que je n'étais plus une petite fille , mais une femme , mais j'essayais de faire avec et de m'adapter .

Je vous donne un simple exemple : il était minuit et je ne dormais pas encore , moi une mère de deux enfants , elle me grondait , parce que je ne dormais toujours pas. Et ca pour une femme , qui a vécu pendant 5 ans avec un homme , et qui dormais très tard , c'est vraiment lourd. Bref , c'était pour que vous imaginez un peu la scène .

Il y avait plein d'hommes qui m'abordaient , sur les réseaux sociaux ou dans la vraie vie , mais c'était pas des hommes qui me convenaient .

Il m'arrivait d'avoir des moments de faiblesses, de me sentir seule , moi qui détestait tant la solitude. Mais parfois je pouvais être bien entourée et ressentir le besoin de rester seule.

A chaque fois que j'essayais de m'ouvrir a quelqu'un , il finissait par devenir collant. Et moi étrangement , j'avais toujours été attirée par les mauvaises personnes.

Je n'arrivais pas à comprendre pourquoi ca se passait comme ca , c'était soit j'étais suivis par plusieurs hommes sans intérêts pour moi , soit le néant total.

J'essayais de comprendre à quoi rimais tout ce qui m'arrivait car j'étais tout sauf patiente.

Je souhaitais tellement voir mon ex et sa famille payer pour ce qu'ils m'avaient fait subir et en même temps au fond de moi , je me disais que c'était le père de mes enfants et que je n'aimerais pas qu'il lui arrive quoi que ce soit car au final c'est eux qui en souffriraient.

Combien je pouvais être de bonne humeur parfois , combien je pouvais sentir que rien évoluait .

L'été approchait , et je devais voyager , Akil refusait que je prenne les enfants avec moi .

J'avais du partir sans eux , ca m'avait brisé le cœur car c'était la première fois que j'allais m'éloigné des enfants et dormir sans mon fils pendant un mois et demi.

Dans le fond, je savais qu'il fallait que je le fasse pour que je puisse faire une cure, sortir de ma zone de confort, me retrouver entre moi et moi-même, et que cette chose allait me faire du bien. C'était un mal pour un bien.

J'ai pris mon vol , ca avait été très dur pour moi , pendant tout le vol je pleurais , parce que mes bébés me manquaient mais j'essayais de relativiser autant que je pouvais.

Pendant un mois et demi , j'étais dans un monde à part , j'étais complètement sortie de ma zone de confort , j'avais voulu tenter des choses auxquels j'aurais jamais fait recours auparavant , j'étais aussi allé à l'aventure ...En gros j'avais fais beaucoup de choses que je n'avais pas l'habitude de faire , même quand c'était quelque chose de gênant.

Je m'étais mise à l'épreuve et j'y étais allé au maximum.

Au début , quand vous faites quelque chose qui sort de votre routine , cela vous choque , vous êtes vous-même surpris de votre propre personne , après vous avez la phase du repère , c'est soit vous y prenez gout ; soit vous saurez ce qu'il y a de mieux pour vous et vous êtes plus orienté sur ce que vous voulez exactement de votre vie ou pas.

Mais pour ca ; vous devez être courageux et avoir un fort mental , sinon vous risquerez de regretter après , de vous en vouloir et d'avoir du mal à vous pardonner certaines chose qui sort de vos habitudes.

Mes enfants me manquaient énormément, mais je faisais tous les jours des appels vidéo avec eux , pour me rassurer que tout allait bien pour eux .

Je repensais très souvent , a tout ce chemin que j'avais fait , vous avez beau être forte , courageuse , mais vous aurez toujours des moments de faiblesse. Il arrive des moments , ou vous vous sentez épuisé .Vous vous sentez fatigué .Fatigué d'essayer de résister encore et encore. Et parfois vous vous sentez plus forte que jamais , motivée et ambitieuse.

Pendant ce voyage , j'avais rencontré un homme ,Jordane, c'était le meilleur ami de Mirea , un homme vêtu d'un incroyable narcissisme , il avait trop confiance en lui , il était comme un personnage de films télévisés. Vous savez , cet homme qui a une confiance absolue en lui , qui aime la vie de luxe ,fils de riche , qui fait un peu trop attention à son physique et son apparence et qui adore le sexe ? eh ben c'est lui en personne. Il m'intriguait , aussi fou , que ça pourrait vous paraitre , j'adorais sa personnalité .Il avait subit une déception amoureuse , qui avait fait de lui , un homme au cœur de roc .Aussi dur qu'il pouvait paraitre , je savais au fond de moi , que derrière cette carapace , pouvait se cacher un être gentil.

On avait décidé lui et moi , qu'il me conseillerais .Désormais , il était mon life coach , il allait essayer de me guider pour que je puisse améliorer certaines choses en moi , concernant ma personnalité et il allait faire ressortir mon potentiel .Il était parfois très méchant dans ses propos , mes copines me demandaient pourquoi est ce que je me laissais faire aussi bêtement .Mais en fait Il m'impressionnait tellement , que j'avais envie de savoir comment , il faisait pour être aussi désintéressé de tout . Je voulais être plus forte que jamais , résiliente , je voulais forger cette carapace que je commençais à me créer , pour arriver à ce point , ou plus rien ne pouvait jamais m'atteindre ,je voulais avoir ce cœur de roc .

J'écoutais attentivement ses conseils , même quand il étaient tranchants .J'étais résolu a faire ressortir le meilleur de moi-même .Il avait même cru a un moment que j'avais un faible pour lui ,alors qu'en fait c'était pas du tout ca .Il faisait ressortir la férocité que j'avais en moi , ce coté louve et lionne .C'était incroyable , pourquoi lui arrivait a le faire alors qu'au fond il n'avait aucun intérêt pour moi ?

je le savais , mais je l'écoutais quand même .C'est très simple , si vous recherchez , surtout quand vous êtes une femme , a vous perfectionner , écouter ce qu'un inconnu a, a vous dire de négatif , ca vous permettra de voir les mauvais aspects qu'il y a en vous , que vos proches ou vous-même , vous ne pouvez remarquer , surtout quand vous êtes une femme , et que c'est l'avis d'un homme dont il s'agit .

Jordane , m'aurait vraiment marquer dans le sens ou , quelqu'un peut bien vous plaire et ca en reste la , je n'avais pas éprouvé de sentiments pour lui , c'était surprenant. Pour moi , il marquait le fait que j'avais compris a ce stade , que je commençais a avoir le contrôle sur mes émotions .A partir de maintenant , ce n'était plus mon cœur , que je faisais travailler mais mon cerveau . Et j'en étais fière.

Yasmine , Karen et Mirea , étaient toujours la pour me rappeler combien j'avais de la valeur , quand je me sentais mal .Elles étaient vraiment pour moi , un cadeau du ciel .Sans elles , je ne sais pas ou j'en serais. Elle avaient toujours su me ressourcer , me remettre sur pied quand je sentais que j'allais tomber .Elles étaient merveilleuses et jamais je ne saurais les remercier pour tout ce qu'elles avaient pu faire pour moi.

Je cherchais un nouveau poste , je voulais sortir du cadre familiale et devenir totalement indépendante .J'avais besoin de me développer en tant que personne et agrandir mon cercle relationnel .J'avais postuler dans plusieurs grandes sociétés et j'attendais qu'on me fasse des retours.

CHAPITRE 6 : ETRE UNE LIONNE, AFFRONTER LA REALITE

A mon retour des vacances , les choses s'étaient compliquées .

De1 je n'avais pas d'offres convenables , au niveau professionnel .Soit on me proposait des postes qui ne me convenaient pas , soit il n'y avait pas de postes vacants .

DE 2 avec mes parents , on arrêtait pas de se quereller , c'était pas évident du tout .Je commençais a ressentir le besoin de déménager, d'avoir mon propre chez moi et de me sentir libre dans ma maison .

Il y a cet homme, Walid , qui m'avait ajouté sur les réseaux sociaux depuis bien longtemps , dont on m'avait souvent parlé , que je n'avais jamais vu réellement.

Mais c'était un homme dont la mentalité et la personnalité me plaisait beaucoup , et je considérais qu'il ne serait jamais vraiment intéressé par moi .Il était bien plus âgé que moi de 10 ans .

Du jour au lendemain , il m'avait parlé et on se sentais vraiment très connectés. On étaient sur la même longueur d'onde , j'avais jamais vu quelqu'un d'aussi profond .Il comprenait mes silences, terminait mes phrases , savait comment est ce que je réfléchissais, on partageait les même gouts a tous les niveaux. On avait le même sens de l'humour. C'était époustouflant .J'avais l'impression , d'avoir rencontré mon âme sœur .

Nous avions parlé pendant deux semaines , et enfin de compte j'avais appris des choses sur lui , qui ont tout compliqué et au stade ou j'en étais arrivée , je n'étais plus prête à me casser la tête pour qui que ce soit. J'avais besoin d'un homme qui puisse me compléter , avec qui partager la paix et la tranquillité et non pas un homme , avec qui souffrir encore une fois. J'avais assez fait de sacrifices dans ma vie et il était temps que je pense un peu plus a moi .

Deux autres Hommes ont tentés de rentrer en contact avec moi , que je considérais comme des amis , mais qui ont finis par me harcelés qui voulaient que je m'ouvre forcément a eux car ils étaient intéressés par moi et moi je n'étais pas prête ou je n'étais pas forcément intéressé par eux.

Mon ex a ressurgis, comme d'habitude, manipulateur, je lui ai fais croire que je gobais tout ce qu'il me racontait, il avait tenté de me sensibiliser , en me reparlant du passé et en essayant de me rappeler « nos beaux souvenirs » et « le fort amour » qu'il y avait entre nous .Je ne nierais pas le fait que je sois bien rentré dans son jeu , mais en utilisant ma tête et non pas mon cœur cette fois ci. Je n'arrêtais pas de penser au fait qu'il était marié. Et justement quand il a finis de parler de cette histoire romantique qui nous liais auparavant, il s'est mis à me parler de sa « femme extraordinaire » .Il croyais vraiment que j'allais croire tout ce qu'il me racontais. Je savais bien , que son mariage n'étais qu'une vengeance , et quelques soient les éloges qu'il pouvait faire sur elle , il ne l'avait pas épousé par amour , et d'ailleurs , tout ça c'était bien pour me faire tomber , mais ce qu'il ne savait pas c'est que plus rien ne pouvais me faire tomber. J'étais devenu une lionne , celui qui jouait avec moi , jouait bien , en se faisant avoir ,car j'étais bien voués à rentrer dans le jeu , de chaque homme qui pouvait croire que j'étais naïve et vulnérable , de leur faire croire que je tombe dans le piège , mais en fait c'est mon adversaire qui s'en prendrait a la figure.

Plus les jours passaient , plus je stressais , car pour moi , la chose qui m'était la plus importante dans cette vie , c'était le temps. Je disais souvent , qu'on peut tout acheter dans ce monde, sauf le temps, une fois écoulé il n'était plus récupérable ..

Je tentais, de comprendre à quoi rimait tout ça, tout ce que je vivais ..

Qu'est ce qui pouvait bien m'attendre encore ?

J'avais le sentiment de n'avoir rien accomplis. J'étais affreusement déstabilisée.

Je voulais a tout prix trouver un sens à tout mon vécu , car plus j'avançais , plus je ressentais qu'il n'y avait aucune évolution dans ma vie.

J'étais complètement perturbée.

Je n'arrêtais pas de voir ce rêve ou mon ex belle mère me prenais dans ses bras , elle heureuse, et moi triste .

Il y a une chose qui pouvait rendre fou mon entourage , c'était le fait que je disais tout le temps , que pour moi une personne pouvait me faire tout le mal du monde , mais si cette personne en question se repentait , se remettait en question , et me demandait le pardon , je pardonnerais du plus profond de mon âme directement .Et donc si , Mimi venait un jour à s'excuser pour tout le mal qu'elle m'avait faite , je peux vous jurer que j'aurais été capable de l'embrasser sur le front , car je ne sais pas détester les gens , c'était bien le contraire j'avais tellement d'amour en moi que j'aurais aimé partager .

Vous aurez du mal à comprendre , tout comme moi d'ailleurs , mais à chaque fois que me vient à penser , que peut être que leur conscience leur jouerait des tours , qu'il finiraient par regretter leurs actes , il essayaient de faire un mal pire que le dernier .Ca m' épuisait parce que moi , je ne pouvais pas être méchante .

A chaque fois, je remerciais le ciel, d'être sorti de cette famille. Ils représentaient tout l'opposé de ce qui pouvait me décrire. Je suis une personne loyale, vraie, honnête, et de bonne foi. Eux , ils n'étaient couverts que d'un masque , sous lequel étaient cachés des monstres.

Si il y a une chose que j'avais appris , c'est que l'amour, est tout sauf un conte de fée, mais l'amour est le partage d'une belle complicité, le partage d'une paix intérieure .L'amour c'est le respect mutuel entre deux personnes , c'est le fait de s'accepter tel qu'on est sans vouloir changer les uns pour les autres .L'amour c'est aimer chaque qualité et chaque défaut de son partenaire , c'est se soutenir dans les pires et les meilleures moments. Et tout ça , c'est tout sauf , ce qu'il y avait entre mon ex et moi. Et donc je commençais a réaliser combien j'étais chanceuse d'être sorti de chez lui , Dieu m'en avait sauvé avant que ca n'ai été trop tard.
Son mariage, était une aide pour moi , par la grâce de Dieu, car je crois que s'il ne s'était pas remarié, ca aurait été un calvaire pour moi. Je n'aurais peut-être pas pu facilement passer à autre chose et a l'oublier.

Je n'arrivais pas à cerner les attitudes bipolaires d'Akil , parfois vous pouviez le sentir calme , et mature, quelques jours après , il redevenait méchant et provocateur .J'ignorais ce à quoi c'était du ,mais une chose était sur c'est qu'il cherchait sans cesse à vouloir me rabaisser et me rendre jalouse vis à vis de sa femme , malgré le fait que je lui avais clairement faite comprendre que ca m'était égal , et moi-même , j'interpellais son nom dans nos conversations sans difficultés .Ce qui m'étonnais , c'était le fait qu'il n'abandonnait pas l'idée de vouloir me faire mal , c'était plus fort que lui.

Je sais , vous allez vous demandez comment est ce que je pouvais être aussi sur qu'il cherchait à me faire mal ,mais je vous répondrais , en vous rappelant que cet homme en question , était mon mari et que j'étais celle qui connaissait au mieux ses intentions.

Il s'en fallait qu'on ouvre n'importe quel sujet , qu'il n'hésitait pas a me parler d'elle , du fait qu'elle le rendait heureux , a quel point elle excellait a tous les niveaux , même quand il était hors sujet . Il pouvait m'interpeller ça , sans raison précise. Ça me faisait parfois rire, parce que j'essayais de comprendre pourquoi il cherchait autant à se justifier. Quand on est vraiment heureux avec quelqu'un a-t-on autant besoin de nous expliquer ou de le prouver au monde ?

J'en était arrivé au point, ou tout m'était devenu égal , je recherchais la paix intérieure , rien que ca et rien de plus. Je ne pensais plus à rien , tout ce que je voulais c'était me concentrer sur mon bien être .

J'avais réussis à me convaincre , qu'ils soient heureux ou pas , lui et toute sa famille, ça m'était devenu complètement égal .Je le sortais complètement de ma tête , je commençais a guérir de ce deuil .

Je voulais juste une chose , qu'il soit le plus loin possible de moi , afin de me laisser avancer tranquillement. Je ne leur souhaitais plus rien , ni le mal , ni le bien , tout ce que je voulais c'était me rapprocher le plus possible de Dieu , en gardant la foi et lui confiant tous mes tracas .Je voulais vider complètement mon esprit , ne plus penser, juste vivre , de jour en jour ,en me laissant emporté par mon destin . Je ne voulais plus rien contrôler, je laissais les choses se faire d'elles même , en attendant plus rien , tout ce que j'espérais c'était la paix. Je réalisais que la solution à toutes mes préoccupations, était la patience et que sans elle je n'arriverais a rien .Il fallait que je me détache de tout et que j'arrêtais d'espérer des choses précises mais que je gardais juste l'espoir d'être en paix.

Toute fois que j'avais une conversation avec Akil par rapport aux enfants , on finissait par se quereller car il cherchait toujours a me rabaisser .Il m'avait même avoué le fait qu'il m'avait trompé a plusieurs reprises pendant que nous étions mariés .Je ne savais pas ce qui lui passait par la tête , mais je sentais qu'il m'en voulait toujours d'être partie et qu'il voulait forcément me le faire payer.

Ce qu'il ignorait c'était que plus il avait des comportement inappropriés, plus ca me donner des raisons d'être soulagée d'être sorti de ce foyer .Et encore pire , il avait le plaisir de me dire qu'il m'avait trompé , c'était donc pour moi une évidence que DIEU , m'avait vraiment épargné , et que je n'avais absolument rien à regretter ;vraiment Rien.

Je voulais qu'il me laisse enfin tranquille. C'était trop lui demander ?

Comment lui faire comprendre qu'il fallait qu'il arrête de jouer a ce jeu et que ca ne servait plus a rien ?

Non seulement il n'avait aucune morale et conscience mais il était égocentrique.

Un homme d'affaire, que j'appréciais beaucoup , n'arrêtait pas d'essayer de me motiver sur un projet ,de relooking. Il trouvait que j'avais du potentiel , et que je ne devais pas rester la les bras croisés .Il était persuadé que j'étais née pour briller , que j'avais tous les atouts pour réussir dans un projet ou mon nom serait connu.

On me disait souvent que j'inspirais confiance , que je dégageais quelque chose de positif et que j'avais une belle âme .Ca me touchais beaucoup , parce que je me disais qu'avant que ma vie ne prenne fin , j'aimerais contribuer au bien-être des autres . J'avais l'envie d'accomplir quelque chose de bien. J'aimais voir le sourire des gens .

J'y pensais souvent , car j'avais bien envie de m'investir dans un projet de mode .J'adorais les vêtements , j'adorais conseiller les autres sur leurs styles .Et il n'y avait pas que ca , j'aimais motiver les gens a faire du sport , ou sur un régime alimentaire ,sur la nutrition. J'aimais venir en aide aux autres . J'aimais leur apporter mon aide et leur apporter mon soutien Et j'avais une folle envie de communiquer aux autres , un état d'esprit combatif.

J'étais abonnée à Alexandre Cormont , un life coach connu sur les réseaux sociaux , cet homme m'était une grande source d'inspiration , j'étais une de ses plus grande lectrice .J'avais partager une de ses citations , et j'arrivais pas à croire qu'il m'avait répondu .Ca m'avait tellement fait plaisir. C'est ce que j'aimais chez cette personnalité , c'est qu'on ressentait vraiment le fait qu'il faisait son travail en y donnant de son cœur . C'était un homme humble et il était merveilleusement voué a aider les autres à se sentir mieux , et en leur faisant prendre conscience de leur vraie valeur.

J'avais l'impression a un certain moment donné , que des miracles se produisaient .Vu que dans toute choses qui m'arrivait je fais toujours un lien avec la Foi , je me disais que c'était justement des signes de l'univers pour me faire comprendre que je me devais d'être patiente et qu'il y avait une bonne raison a tout.

La seule chose qui me permettait de rester levée sur mes pieds, c'était le fil qui me reliait à DIEU. La foi. Et ça très peu de personnes arrivaient à le comprendre.

Les fêtes de fin d'année approchaient, Akil était encore revenu sur ce sujet dans lequel il me reprochait de l'avoir quitté , et il revenait encore sur notre « histoire d'amour » et tout le blablabla qui suivait et il s'était excusé pour tout le mal qu'il m'avait fait , même si il ne me semblait pas sincère car il attendait des excuses de ma part , chose que je n'avais pas faite

Et d'ailleurs , il sert a quoi de poignarder quelqu'un dans le cœur , le tuer et s'arrêter au-dessus de sa tombe pour lui demander pardon ?

Le mal était déjà fait , il m'avait déjà brisé , et les cicatrices étaient encore là , saignantes , mon âme brulait de souffrances , et personne ne pouvait rien pour moi , j'étais vouée à le subir toute seule .Seul DIEU pouvait me guérir de ce mal. Et les excuses de mon ex , ne me servaient plus à rien à part rebondir ma valeur personnelle ,et faire du bien à ma fierté ,ses excuses m'avaient faites mal au cœur .

Dans le fond , j'avais de la peine pour lui , car il s'était infligé une vie et il s était condamné si jeune .Il ne s'était pas donné du temps pour lui-même , il ne pouvait plus revenir en arrière , non seulement il s'était remarié a une femme qu'il n'aimait pas , mais il allait avoir un troisième enfant. J'avais couler des larmes, en ayant mal pour lui. Suis-je une idiote ? je trouve que ça prouvait à quel point mon amour pour lui auparavant était sincère.

Akil était psychologiquement instable , du jour au lendemain , il redevenait méchant , au point ou l'on ne se parlait plus complètement. J'avais du mal a cerner ce qui se passait dans sa tête , mais tout ce que je savais , c'est que le fait qu'on revienne au fait que le chauffeur et la nounou soient nos intermédiaires était la meilleure chose à faire, malgré le fait qu'il ne me lâchait quand même pas et qu'il persistait a vouloir me piquer par tous les moyens .Désormais , son arme contre moi , était les enfants .Il tardait avant de m'envoyer leurs pensions , la somme pour les vaccins , etc..

J'avais finalement fait la rencontre de quelqu'un de vraiment magnifique , tel que je l'avais toujours espéré , un homme qui me portait un regard différent des autres , il connaissait tous mes petits aspects et les adorait. Il me faisait sentir que j'étais unique et spéciale .Il me faisait sentir que j'étais belle , mignonne et faisait ressortir le petit enfant caché en moi. On avait fait connaissance pendant deux semaines et j'avais voulu qu'on arrête de se parler dans l'espoir que notre histoire aboutisse a quelque chose ,car je ne voulais pas le faire souffrir et je ne me sentais pas prête a assumer le fait d'être « en couple ».Je ne voulais pas qu'on s'accroche l'un à a l'autre plus que ca. J'avais un sérieux blocage et je ne m'étais pas rendu compte , mais j'avais considéré que j'avais déjà fait un grand pas , car c'était la première fois que j'acceptais de m'assoir avec quelqu'un dans le but de faire sa connaissance et c'était la première fois que je pouvais y penser..

Je m'étais aussi rendu compte qu'il n'était pas fait pour moi et qu'il ne valait pas la peine d'essayer , car c'était un homme bien , mais très avare .J'aurais été attentionnée avec lui mais lui , n'était pas prêt a investir même sur un bout de papier .C'était incroyable , j'avais jamais vu ça auparavant .J'étais tout sauf matérialiste comme femme , mais s'il y a une chose que je détestais par-dessus tout , c'était l'avarice .

J'adorais la simplicité et je trouvais de la beauté dans les petites choses mais là , c'était exagéré , on aurait dit que c'est lui qui attendait qu'une femme s'occupe de lui et ça s'arrête là.

Entre temps aussi , j'avais revu Akil , c'était une coïncidence , on était parti dans le même lieu ;la bibliothèque. Et ma petite princesse était avec moi .Elle était tellement contente .Elle m'avait tenue le main et celle de son père et nous faisait marcher. On aurait dit un couple marié. Dans ses yeux on pouvait voir des étoiles .Elle avait son papa et sa maman là qui lui tenaient les deux mains. Elle n'en croyait pas ses yeux. Et moi mon cœur se brisait en mille morceaux .Les employés qui nous connaissaient dans le temps ou nous étions mariés , ignoraient qu'on avaient divorcés lui et moi et nous disaient à quel point ont étaient beaux ensemble .Je me mourais a l'instant. Mes larmes coulaient tous seuls. On a conversé lui et moi , on avait parlé de la dispute qu'il y avait eu récemment .On avait enterré la hache de guerre et on s'était entendu sur le fait que pour le bien des enfants , il fallait qu'on se respecte mutuellemment.

Un soir je me sentais très, angoissée , le cœur serré, j'étais sorti avec ma fille , j'avais décidé de la prendre diner dans un petit fast Food dont on m'avait déjà parlé.

Une fois installées, un homme âgé , qui s'était révélé être le propriétaire du restaurant s'était assis face à moi .Il m'avait posé certaines questions brèves sur ma vie sentimentale .

A un certain moment il s'était mis à faire des calculs mentaux et il m'avait sorti des choses incroyables .Comment pouvait il autant savoir sur moi ? je ne savais pas. Mais une chose était sure c'est qu'il avait des pouvoirs de voyance.

Il m'avait parlé du fait que ma vie avait commencer a prendre une autre tournure à l' âge de quatorze ans (une année après la mort de mon père , l'année ou j'ai rencontré Noé et l'année ou je me suis rapprochée de ma belle sœur).

Il m'avait aussi dit qu'a l'âge de 17 ans ma vie avait été bouleversée (Effectivement ,quand j'ai cesser d'aimer Noé) et qu'un homme qui était amoureux de moi à l'époque avait voulu me faire beaucoup de mal .

Il m'avait dit que j'allais me marier dans les deux années qui allaient suivre et que bientôt ma situation financière allait bien évoluer (pour ca j'avais perdu tout espoir et je me disais que il n' y a que DIEU qui pourrait le savoir).

Et enfin , il m'avait conseillé de ne plus jamais rien raconter a ma mère , qu'elle gâchait toujours tout sans se rendre compte ..

Je ne vais pas vous cacher le fait que ça m'avait beaucoup perturbé , pourquoi cet hommes me racontait tout ça ? et pourquoi ce soir là ? je l'ignorais mais dans le fond , j'espérais que ça soit un signe de la part de DIEU ..Je voulais juste une lueur d'espoir qui me permettrait de résister encore ...

J'étais partie sans retour..tout ça me semblais trop étrange ...

Quelques temps après ,J'avais fais la rencontre d'un autre homme , qui lui , était gémeaux comme moi .Cela va vous sembler fou de ma part , mais on était exactement pareil ; si l'on veut parler de personnalité , mentalité ; caractère...

Effectivement , cet hommes avait un père atteint d'un cancer du pancréas .Il était en phase terminal , et il lui restait peu de temps à vivre.

Il m'avait l'air très instable mentalement, j'étais dévouée à l'aider car j'étais passée par la .

Pourquoi était il rentrer dans ma vie ? je l'ignorais . Mais je savais juste une chose , c'est qu'aucune rencontre se faisait au Hazard , qu'il y avait une raison pour tout et que ce jeune homme , ne savait pas avant de me connaitre ce par quoi j'étais passée , il ne savait pas que j'avais déjà perdu un père , il ne savait pas que je pouvais comprendre parfaitement ce qu'il était en train de vivre.C'est pour ça que j'avais décidé d'être là pour lui autant que je pouvais.

Son père était décédé et lui , du jour au lendemain , il avait coupé court .Il m'a beaucoup affecté , car j'avais l'habitude de prendre cette initiative envers les hommes pour ne pas jouer avec leur sentiment , et cette fois ci c'est moi qui le subissait .

J'avais tout fait pour essayer de comprendre pourquoi , qu'est ce que j'aurais pu faire de mal pour qu'il cesse de me parler du jour au lendemain ?

J'avais pourtant été bien avec lui , et surtout affective , chose que je ne faisais pas habituellement avec n'importe qui ,mais lui dans son cas c'était parce qu'il passait un moment difficile.

Je n'arrêtais pas de me remettre en question jusqu'à rentrer dans une dépression , car mon ego avait prit un coup.

Mes amis avaient essayer de me raisonner , ils étaient même très étonné que je sois dans cet état , car ils considéraient qu'il n'en valait pas la peine , qu'il n'était pas fait pour moi.

Ce qu'ils ne comprenaient pas c'est qu'il s'agissait de mon ego ,j'avais trop de fierté et je prenais la peine de la mettre de coté pour venir en aide à quelqu'un et que ce dernier ne se montrait pas reconnaissant ou se gonflait les ailes , j'en devenais folle.

Dans le temps , à ce niveau de ma vie , Je n'arrivais plus à comprendre quoi que ce soit .Je n'arrivais plus a trouver un sens à quoi que ce soit .J'étais perdu et je sentais que j'avais perdu contrôle sur toute chose.

J'étais persuadée il y a quelques temps que tout ca prendrait un sens bientôt , mais non , rien du tout .C'était calme , je me sentais toujours seule malgré le fait que j'étais bien entourée. J'avais besoin de changements. La routine m'agaçait.

CHAPITRE 7 : LA SURVIE, LE COVID-19

Vous voulez savoir ce qu'il y avait de pire ?

Il y a un virus qui s'était propagé dans le monde .Le COVID-19.Ça a commencé par la chine , après l'Italie ensuite , cette épidémie a couverte le terre entière.

Ce Virus , était une grippe mortelle .Il attaquait les poumons .Il affectait surtout les personnes âgées et celles qui ont des problèmes de santé et il était très contagieux .

Le monde était en confinement. Dans d'autres pays , ils n'avaient plus l'autorisation de sortir de chez eux , dans d'autres il y avait un couvre-feu. Toutes les frontières et les aéroport du monde étaient fermés .

On avait l'impression , que nos vies avaient été mises en pause et que le monde s'était arrêté.

C'était plus que déprimant. Ici on ne pouvait plus penser à rien . Il s'agissait juste de la survie .

Nous ,ne savions pas quand est ce que tout ca allait s'arrêter .Le taux de mortalité en Europe n'arrêtait pas d'augmenter .Le taux de personnes contaminées ne faisait que s'accroitre .

J'avais peur pour ma mère et mes enfants .

C'était incroyable , à ce stade , il devait y avoir une prise de conscience collective .Les riches et les pauvres était sur le même pied d'estrade. L'argent ici ne pouvait servir à rien . Ici ces personnes , qui oubliaient que c'est DIEU qui nous a fait descendre sur terre ou qui croyaient dominer le monde , étaient censés se rappeler qu'on ne revenait qu'à lui .

On avait l'impression que c'était un film .

Nous avions fini malgré les dégâts que ce Satané virus avait causé ,par nous habitués.Nous me pouvions plus rentrer ou que ce soit sans les masques et sans se désinfecter les mains .

Nous étions comme condamnés.

Ils avaient réussi à trouver un vaccin ,qui au fil du temps devenait obligatoire.
Vous savez comme ce vaccin contre la fièvre jaune , sans lequel on ne peut décoller ? En voilà un autre qui s'en rajoutait.

CHAPITRE 8 : UNE ANNÉE,UNE TOURNÉE

Une année s'était écoulée.

Une année pendant laquelle j'avais décidé de sortir de la zone de confort et d'aller à la découverte de celle que j'étais.

J'avais quitté mon boulot pour un autre dans une usine ,qui était très loin.L'expérience m'était professionnel parlant très productive mais émotionnellement parlant très épuisante.

J'avais des collègues qui essayaient de me mettre des bâtons dans les roues se sentant menacés par moi .Mon Patron de l'époque m'avait fait subir de l'harcèlement sexuel .Étant une personne ayant de base des principes et des valeurs et dont l'honneur compte plus que tout ,j'avais démissionné.

Ensuite j'avais travaillé dans une chocolaterie et après une pâtisserie et entre temps j'avais lancé ma page gastronomique en ligne ,tout ça avait été temporaire et je n'y avais toujours pas trouvé ma voie.

J'étais revenu vers mon beau-frère au final et donc dans le cadre

familiale.

Ça c'était au niveau professionnel.

Spirituellement parlant ,j'étais rentré dans un labyrinthe et je ne savais plus comment en sortir.La goutte d'eau avait débordé ,j'étais plus qu'épuisée .

Du point professionnel ,je ne cessais de de croître et d'accroître.

Du point relationnel et sentimental , j'ignorais quel était mon problème.Ils avaient quoi tous ces Hommes ? Pourquoi ils étaient tous là à me prendre pour une proie comme des animaux affamés ?

N'étais je pas belle ? Ou intelligente ? Pleine de bonté et de principes ,n'avais je pas de valeur ?

J'étais perturbé, j'aurais aimé que chacun d'entre me disent ce qui clochait chez moi !

Être une femme divorcée dans cette communauté était problématique.

Mes copines me répétaient sans cesse d'arrêter de me blâmer et que le problème ne venait sûrement pas de moi mais du faite qu'ils n'étaient pas forcément destinés à moi.

Elles trouvaient toujours les mots qu'il fallait pour rehausser le moral .

Le pire c'était quand les époux de certaines femme de ma génération que je connaissais bien ,m'abordaient.Non seulement je trouvais ça dégoûtant mais je me demandais ce qui pouvait leur passer par la tête.Ils ne pensaient pas une seule seconde que c'était rabaissant pour leur propre femme même si c'était derrière leur dos mais elles passaient pour je ne sais quoi et encore c'est qu'ils se faisait tous rejeter par moi car j'étais très correcte et surtout solitaire !

Il fallait vraiment de tout pour faire un monde !

La plus part des hommes que j'avais connus avaient tendance à me faire sentir que j'étais une poupée avec qui ils croyaient pouvoir jouer.Et quand ils se rendaient compte qu'il fonçaient dans le vide avec moi , ils disparaissaient.

Il ne manquait plus qu'ils disent (excusez moi pour ma vulgarité) « soit tu couche avec moi soit me parle pas !» .C'était plus qu'écœurant .

Je ne vous cacherais pas que j'avais des parures superficielles.Mon image allait en controverse avec ma personnalité.Et ca me convenait parfaitement ,car je me disais que celui qui voudrait se rapprocher de moi devrait percer en profondeur mon âme.Il devrait apprendre à me connaître sans me juger car j'étais moi-même une personne sans jugement et j'avais horreur des stéréotypes.

Ca me permettait de faire le tri d'attirer des personnes qui avaient le même état d'esprit que moi.Déjà que j'avais un entourage assez restreint.

J'étais le genre de femme perfectionniste ,toujours à point dans ce qu'elle portait.Vous ne m'auriez jamais vu dérangé , mal habillé ,cheveux emmêlés.

Je me souviens avoir lu quelque part un jour une citation de Coco Channel qui disait « habille-toi comme si tu allais rencontrer l'amour de ta vie , ton ex , et ta pire ennemie.»

J'ai suivis son conseil qui m'allait très bien d'ailleurs.

Dans mon cadre amical je m'entendais plus avec les hommes qu'avec les femmes .Une fois que l'un de ses hommes de qui j'étais proche se mettait en couple, leur conjointe faisait des crises de jalousie, j'étais donc obligé de prendre l'initiative de les faire sortir de ma vie pour la tranquillité spirituelle de ces dernières.

Et en ce qui concernait le point familial, mon frère avait divorcé de sa femme et en avait épousé une autre du même âge que moi ,qui était encore pire que la dernière.

Celle-ci en un mois l'avait incité à renier sa famille, nous !

Ils étaient devenu un monstre ! Un vrai !

Mais dans le fond j'étais persuadée qu'il souffrait encore ...

Ca ne changeait rien à ma vie car de toutes les façons il n'avait jamais été présent.

CHAPITRE 9 : LE DÉVELOPPEMENT PERSONNEL : LA RENCONTRE DE LA RÉALITÉ

J'avais eu recours à une vraie Life Coach ,elle m'avait transmis les outils nécessaires pour me sortir du gouffre dans lequel j'étais.sincèrement elle m'avait sauvé de moi-même.

Vous savez quand vous êtes complètement découragé et que vous perdez cette estime de vous-même et que limite vous ne croyez plus en rien au point où vous vous laissez manipuler par vos mauvaises pensées ,que votre esprit vous joue des tours et que vous perdez même l'espoir d'avoir espoir ?

J'avais investi en développement personnel et je m'étais mise à la lecture .La bibliothèque était devenue l'endroit que je préférais. Et moi j'étais devenue une vrai bibliothèque.

Je m'étais ouverte au monde Spirituel.

Je me souviens du livre qui avait changé ma perception des choses « le pouvoir de votre subconscient » de Joseph Murphy.

Cet Homme ,paix à son âme ,était divin !

Je lui éprouve tellement de gratitude !

Il faisait le lien entre la Foi et la spiritualité et m'avait permis de comprendre ce qu'était la foi et de me découvrir moi-même.

J'avais à travers lui découvert qui était réellement Dieu .Pas celui qui punit , ni celui qui risquerait d'éprouver de la colère envers les êtres qu'il a créé .Non .

Dieu est miséricordieux ,il est bonté, pureté. Dieu nous aime et ne peux nous prévoir une mauvaise destinée.Dieu prévoit toujours tout ce qu'il y a de mieux pour nous .

Je disais souvent « telle une mère qui aime ses enfants,Dieu nous aime .Tel que nous voulons que leur bien et leur bonheur, Dieu nous le veut ...».

Je le sentais ,je commençais à me sentir connectée à moi-même.

J'avais appris à me détacher de toutes ces croyances qui freinaient ma vie .

Nous sommes nés pureté, nous étions des bébés aux âmes pures et nous étions innocents.Notre entourage ,nos parents, nos familles, nos amis et tout notre vécu, nous avaient involontairement ou volontairement imprégné des croyances limitantes ,celles qui nous empêchaient d'être nous-mêmes et de ressortir notre égo jusqu'aujourd'hui.

J'ignorais le pouvoir de nos pensées jusqu'à ce moment..

Ma vie était en train de prendre d'autres mesures.

Il m'arrivait de perdre le fil et dès que je recommençais à raisonner , je régnais mon monde intérieur.

Celui où la paix et l'harmonie était une devise .(toujours par la Grâce de Dieu).

J'avais appris à m'accepter telle que j'étais , à accepter le fait que j'étais humaine et non pas vouée à être parfaite et à accepter les autres tels qu'ils étaient en refusant d'être responsable de leurs croyances et d'être affectée pR leurs actes.

J'avais compris qu'il n'y avait pas de personnes méchantes mais des âmes qui souffraient..

Tout ce que je souhaitais c'était la paix intérieur. Et celle de Dieu me suffisait.

Oui c'est sûr que j'avais envie de changements radicaux ,j'avais pas encore rencontré l'homme idéal et j'aurais voulu que mes intérêts prospèrent et pouvoir voyager et faire le tour de l'Europe et encore mais j'avais décidé de lâcher prise et de Laisser Dieu au contrôle de tout .

J'avais rencontré des personnes merveilleuses divines qui dégageaient une aura incroyable .

Je voulais bien rencontrer un Homme qui soit different de tous ceux que j'avais pu rencontrer auparavant ,un homme de foi qui serait en contrepartie ouvert d'esprit et sans jugement comme moi ,mais je m'étais convaincu que je n'essayerais pas de résister à ce que je ne pouvais contrôler.Les autres m'avaient tellement découragé que la seule chose qui m'importais dans l'instant P c'était mon amour propre ,celui de mes enfants et surtout ma relation avec Dieu.

Oh oui vous allez surement vous dire que j'en parle beaucoup mais vous savez quoi ? Si on devait revenir en arrière ,vous remarquerez qu'a chaque fois que je flanchais je revenais à lui et de là que je me relevais et regagnais toute fois l'espoir d'un nouveau départ.

J'avais lu beaucoup de livres et j'arrêtais pas , même s'il y avait des moments où je n'avais pas assez de temps . Je sentais que j'enrichissais mon âme.

Je ne vous dirais pas que je frôlais la perfection par mes comportements pu mon caractère et que je contrôlais mes émotions. Non.

J'éprouvais parfois de la colère ,mais j'avais appris à accueillir toute situation et à laisser passer sans porter de jugement sur ma propre personne. Je savais me remettre en question quand il le fallait.J'avais réussi à mettre mon égo de côté, car croyez-moi il n'y a rien de plus destructeur que lui.

Sachez imposer votre respect quand cela est nécessaire sans nuire à votre monde intérieur.

Je commençais à apprécier mon célibat, je m'étais consacrée à mon bien-être, je m'adaptais à mon boulot , en essayant de voir plus clair le côté positif.

Mon ex et moi avions eu récemment un conflit dû au fait que j'avais été piraté et des conversations dans les quels il me donnait de petits surnoms comme « mon petit bébé » sans mauvaise intentions ont été envoyé à sa femme ,il m'avait accusé à tord alors que moi-même j'en étais traumatisé. Nous n'étions en contact que quand il s'agissait des enfants, de leur pansions ou de la garde partagée.

C'était au final un mal pour un bien ,je me sentais libérée complètement.

Je sentais qu'il s'agissait d'un nouveau départ vers une nouvelle vie sans sa présence.

Je n'avais pas sû qui était l'auteur du hacking mais j'étais persuadée que c'était un signe du destin.

Peut-être que involontairement rien que converser avec Akil était toxique ppur moi et qu'il retardait mon développement personnel inconsciemment ?

Je gardais un esprit positif même su en dépit de tout ,il avait tenté de me le faire payer.Encore une fois me faire payer pour une chose dont je n'étais pas responsable.

J'avais des rituels que je faisais chaque jour , entre prières ,lectures et méditations.

J'étais persuadée qu'en lâchant prise complètement et laissant l'univers se charger de tout le reste ,tout irait pour le mieux.

L'été avait bel et bien commencé et mon patron (Ali mon beau-frère) était partie en vacances avec ma sœur .J'attendais son retour pour aller à Paris ,selon moi bien sûr. Je m'étais mise ça en tête pour ne plus que j'ai d'autres choix et que je me concentre dessus.Ca faisait deux années que j'étais là.L'année passée avec cette histoire de Covid et tous les postes que j'enchaînais les jns après les autres je n'avais pas pû sortir du pays et changer f'air . J'en avais grand besoin.J'avais besoin de sortir de ma zone de confort et respirer.

J'évitais de penser à comment est ce que j'allais me débrouiller pour m'acheter min billet et tout le tralala je me disais que la solution me viendrait au moment opportun.Pour le moment je me contentais de désirer et de faire confiance au processus de la vie .

J'écrivais toujours au fur et à mesure en notant bien tout ce qui se manifestait au cours du temps.

Je ne m'étais pas imposé de délai, j'avais suggéré que ce livre prendrait fin quand chaque événement aurait pris un sens et que j'aurais enfin trouvé des réponses à toutes mes questions et que j'atteindrais cette stabilité que je recherchais.

Vous n'allez peut-être pas croire mais j'avais réussi à faire une chose qui m'avait apporté un grand soulagement et m'avait permis de m'ouvrir à une nouvelle étape de ma vie : j'avais contacté mon ex belle-mère ,elle était très étonnée ,elle voulait reparler du passé je l'avais interrompu en lui faisant comprendre que si je l'appelais c'était surtout pour enterrer la hache de guerre et je lui avais même demandé de me pardonner si je l'avais offensé et que moi aussi a mon tour je lui pardonnais. J'avais été catégorique sur le fait qu'il était inutile d'ouvrir à nouveau d'anciens dossiers et que mon appel était juste affectueux et qu'elle resterait une mère pour moi pour le meilleur et le pire et que je ne cracherais pas d'où l'expression dans l'assiette dans laquelle j'aurais mangé.

J'étais tellement fière de moi ,car je me retrouvais à travers cet acte qui me définissait parfaitement.Ca allait de mes principes : le Pardon .

J'étais sur le coup pleine de paix, d'harmonie et de joie .

J'avais réalisé a cet instant combien le pardon pouvait faire des miracles. En fait c'est lié au fait que quand vous pardonnez , vous vous déchargez d'un poids ,d'une situation , qui prenait une grande place dans votre esprit et qui vous ralentissait toutes fois sans que vous ne vous rendiez compte.

Pour ma part , j'avais ouvert les yeux sur beaucoup de choses et j'avais réalisé combien chanceuse j'étais. Combien le bon Dieu m'avait faite grâce.

De 1 si nous devions revenir à mon ex , à ce moment précis je me disais mais quel soulagement ! Aujourd'hui quelque soit ce qui pourrait se passer, même s'il revenait je ne m'infligeras plus jamais cette vie pour laquelle j'avais opté auparavant avec lui .Cette vie où je 'étais complètement abandonnée et je n'existais que pour lui. Cette vie où j'étais dans la dépendance affective.

-fermeture d'esprit

-violence verbale et physique

- dénigrement de valeur total

-manque de communication

-manque total de liberté

-anxiété / angoisse

-vie fade et dépourvue de sens

De 2 sur le point professionnelle ,bien que mon salaire je dirais était en voix de prospérité , j'avais une certaine liberté, je n'avais pas de pressions et mon poste était très respectueux et et j'étais dans une grande boîte.

De 3 lâcher prise n'était pas plus mal , je savourais chaque jour tel qu'il venait.

On a trop tendance à se persuader qu'il y a toujours quelque chose qui ne va pas alors qu'en fait c'est l'habitude qu'on a , a avoir à toujours régler une situation qui se manifeste dans nos vie .

On a oublié ce qu'est le calme , la paix .

Nous l'ignorons.Et moi je venais enfin de prendre conscience de ce que me disait à chaque fois ma Life Coach . Elle n'arrêtait pas de me le répéter et elle avait raison : tout allait bien , j'étais en paix et il n'y avait rien à signaler.Il fallait juste laisser les choses couler et se laisser emporter par l'inconnu.

Quand vous ressentez de l'angoisse c'est que vous vivez encore dans le passé.Et moi je m'étais réconcilié avec mon passé.

Quand vous ressentez de l'anxiété, c'est que vous êtes dans le contrôle et que vous vous précipitez trop pour des choses à venir .Et moi j'avais décidé de prendre patience ,lâcher prise et laisser Dieu au contrôle de tout .

Et vous ? pensez y .

Qu'est-ce qui ne va pas ?

La peur de finir seul ? Pourquoi ? De toutes les façons vous n'avez besoin de personne . Qui paye votre pain le matin ? Si un homme ou une femme doit rentrer dans vos vie , ça serait pour vous compléter et non pas pour que vous rentriez dans la dépendance.Sinon tout ce que vous Auriez vécu aurait été inutile pour vous .

Oui , je sais ça fait du bien de se reposer sur quelqu'un ,quelqu'un en qui on pourrait avoir confiance ,quelqu'un qui nous écoute ,avec qui on va dîner ,avec qui on partage des moments paisibles et agréables.

En attendant que cette personne se manifeste, aimez vous au point où vous oublierez vous-même qu'il est susceptible d'exister ou de pouvoir un jour enfin le trouver.

Ce qui est a vous viendra à vous peu importe le temps que cela prendrait et ce qui n'est pas à vous ne le sera jamais peu importe les efforts que vous fournirez pour l'attirer.

Financièrement ? Il y a toujours une solution à tout ! Ayez juste la foi ! Et les miracles se produiront !

Un problème n'existe que s'il y a une solution ! Au final , il n' a que des Solutions !

Du moment que vous avez la santé et que vous êtes en vie ,(croyez moi que finirez par comprendre le sens en profondeur) TOUT VA BIEN ! C'est que vous n'avez pas encore accomplie votre mission de vie et que tout se mettrait seul en place pour vous guider ! Il faut juste se débarrasser des doutes et y croire.

Pour moi tout commençait à prendre un sens . Toutes les personnes que je rencontrais et qui avaient des difficultés se sentaient en confiance en ma présence et n'hésitaient pas à me faire des confidences et s'en sortaient rassurés et le cœur apaisé et moi j'en étais toujours rassurée.

J'avais toujours ressenti que j'avais une mission à accomplir sur terre .

Mon bonheur émanait du bien-être que je pouvais procurer aux autres, et surtout quand j'exprimais au mieux Dieu et la foi.

On m'énonçait souvent que j'inspirais la foi ,la bonté ,la générosité ,la paix , la sincérité et la confiance.Ça c'était une bénédiction pour moi .

Il ne s'agissait pas pour moi d'être juste en vie mais d'exister pour une bonne raison.

J'étais un être libre . Libéré de tout .La peur , l'angoisse, l'anxiété avaient perdu leur pouvoir sur moi .

Tout était calme et paisible. (Par la grâce de Dieu !)

Le meilleur était à venir !

Apprenez à écouter votre corps , quand vous sentez que vous avez besoin de repos , reposez vous ,ne persistez pas à vouloir faire autrement sinon vous finirez par être en dépression sans comprendre pourquoi ,il s'agirait juste de votre esprit qui serait en alerte ,chose qui ferait confusion avec une angoisse.
Soyez à l'écoute de votre corps , quand il vous signale une douleur ou élabore une réaction c'est que votre système corporel fonctionne très bien . Le comble serait qu'il ne réagisse jamais comme quand vous recevez un coup à la tête et que vous faites une hémorragie interne .

CHAPITRE 10 : LE RENOUVEAU : LA MANIFESTATION DES MIRACLES

Plus je côtoyais des gens ,plus je m'intéressais à leurs histoires ,leur perception des choses, leurs façons de penser ,leur états d'esprit.

J'essayais de comprendre ce qui se passait dans la tête des autres.

Je me rendais compte qu'en fait nous étions pas si différents que ça sur un point.

Nous avions chacun de nous ce truc qui nous faisait nous sentir parfois au plus bas .

La perfection n'existait réellement pas.Celui qui prétendait être heureux ne l'était pas forcément. Même si pour ma part « être heureux » était une expression assez idiote car pour moi le bonheur est éphémère et que le plus important c'était d'être « en paix».

Ce à quoi je voudrais en venir c'est qu'on vivait tous dans le doute et que chacun de nous avait ses épreuves à affronter.

Je me souviens avoir rencontré un jeune homme qui était même devenu un très bon ami , qui m'avait parlé de son histoire d'amour.La seule et l'unique ,qui l'avait marqué.

Il avait été en relation avec une fille depuis son enfance jusqu'à l'âge adulte, ses parents à lui l'avait admise .Par contre ses parents à elle ,étaient catégoriques.Ils ne voulaient pas entendre parler de lui.

Ils avaient tout essayé et après des années et des années de débats contre cette guerre sentimentale, il s'était engagé à vivre avec elle en dépit de tout .Et elle malheureusement a baissé les bras et mis fin en queue de poisson, à cette profonde histoire d'amour.

Triste mais voilà bien le problème ,c'est qu'on le cherche même quand il n'y est pas .

Pourquoi les choses ne peuvent pas tout simplement être souples ?

Pourquoi nous nous acharnons forcément à rendre les choses compliquées ?

Nous recherchons sans cesse la perfection alors que la beauté émane de l'imperfection.

Si tout était comme on le voulait et tout rose , on s'ennuierait. On s'en lasserait.

Encore une autre histoire d'un homme que j'avais rencontré.

Un soir , autour d'un dîner où nous étions censés faire connaissance, il me parla d'une de ses relation récente qui avait pris fin . C'était aussi la femme qu'il avait le plus aimé dans sa vie .

Tout allait bien , mais tout allait mal . Elle , elle voulait officialiser les choses et lui non .Et pourtant il l'aimais comme un fou .

Il n'y avait pas de raison valable.vous voyez ?

On n'accorde plus de la valeur aux choses. On laisse tomber facilement en étant persuadé qu'on trouverait mieux. Et donc on ne tente plus . On passe à autre chose en essayant de se convaincre que ça ira .Et en fin de compte c'est les autres qui ramassent nos pots cassés, car on devient capricieux , on perd goût à l'amour, on s'attache à sa solitude et on garde en tête que l'amour c'est pas pour nous et qu'on aurait eu notre dose ,pendant que le monde nous attend ,nous nous renfermons aux merveilles que l'univers nous réserve.

J'avais même fait un sondage sur un sujet qui m'intriguait beaucoup je dirais .

J'avais questionné plusieurs hommes en leur demandant quel était le but de s'abonner à une fille sur les réseaux sociaux et de ne jamais lui parler.

Ils m'avaient tous donné la même réponse qui pour moi était incomplète ou je dirais

insensé. « -parce qu'elle nous plait

-mais pourquoi vous ne conversez pas avec elle ?

- on essaie de faire un signe en aimant une de ses photos pour voir sa réaction

-encore une fois pourquoi ne pas lui parler directement ?

- par peur de se faire rejeter

-Mais comment savoir si vous ne tentez pas ?

-on attend juste un signe de sa part comme je te l'ai dis »

On tourne autour du pot pour l'amour de notre égo.

Incroyable !

Pourquoi tout est aussi compliqué ? Mon Dieu !

Encore ..

«-pourquoi un homme s'abonne à une fille ,lui parle pendant deux jours et après néant total

? -C'est qu'il tâte le terrain et l'ajoute à la liste de filles tentantes

- tentantes ?!

- oui la liste des filles qui pourraient lui plaire ,si ça marche pas avec l'une d'entre elle , il aura d'autres choix . »

Alors je ne vous fait pas dire le choc en les écoutant argumenter .

En fait on aurait dit qu'ils faisaient du commerce et qu'il étaient en train de parler d'un produit qu'ils voulaient tester.

J'étais sidérée.

J'avais fais la connaissance d'un homme ,c'était un libanais chrétien ,c'était un homme très respectueux et charmant.

Alors déjà dans sa façon de m'aborder ,il était différent de tous .

On aurait dit Grey dans le film « 50 nuances de Grey » .Il était imposant.Il était du genre à ne pas lâcher l'affaire ,quand il voulait quelque chose ,il faisait tout pour l'obtenir. Nous étions rentrés dans un jeu ,en s'échangeant des mails ,à défaut de le faire sur les messageries des réseaux sociaux.

C'était amusant et je trouvais ça très sexy .

Je retrouvais en lui ce genre de critères qu'on retrouvait dans le personnage d'un film ,chose que j'adorais étant donné que j'étais une rêveuse.

Nous étions sur la même longueur d'onde.Nous nous taquinions et il y avait un jeu de séduction entre nous .

J'espérais que les choses aillent dans le bon sens .Je ne m'emballais pas .Je me disais que peu importe ce qu'il adviendrait , tout arrivait pour une bonne raison.Je laissais les choses se faire naturellement sans prise de tête.

Devinez quoi ?

Au bout de quelques jours ..ah non je dirais plutôt au bout de trois jours ,du jour au lendemain Monsieur n'avait plus donné de nouvelles de lui .

Le point positif dans l'histoire qui d'ailleurs avait toujours été le bon point ,c'est que je n'avais pas de relations sexuelles .Je me préservais pour le meilleur élu.Les relations insignifiantes ne me tentaient pas .

Cette histoire m'avait cassé le moral . Tout se passait merveilleusement bien mais pourquoi ?

Mes copines m'avaient expliqué qu'il avait dû s'apercevoir à travers nos conversations que je méritais d'être respectée et que ça devait être quelqu'un qui , de base , croyait pouvoir jouer .

Mon soucis ce n'était pas lui , lui sincèrement n'avait pas de valeur sentimentale pour moi mais c'était cette répétition qui commençait vraiment à me taper sur le système.

C'était pourtant aussi simple pour les autres mais pourquoi pas pour moi ?

J'étais persuadée du fait que le problème ne venait pas de moi .

Moi je m'aimais et je savais ce que je méritais mais qu'est-ce que je devais comprendre par cette nouvelle expérience ?

C'est sûr que j'étais protégée et qu'encore une fois il y a une bonne raison pour tout . Mais pourquoi est il quand même rentré dans ma vie ?

Je devais accepter la situation, accueillir mes émotions et lâcher prise complètement.Je n'allais pas accumuler de mauvaises pensées cette fois-ci ou me remettre en question, car désormais je savais ce que je valais et Moi ,j'étais telle que j'étais, c'était à prendre ou à laisser.

J'avais eu des échos comme quoi c'était quelqu'un qui avait la phobie de l'engagement .

Quelque pouvait être son problème, je n'en étais pas responsable.

La vie continuait son cours et moi j'allais avancer.

De toutes les façons j'étais tranquille et en paix avant qu'il ne fasse apparition. Rien n'avait changé . J'avais vécu pendant quelques jours des étincelles et de beaux moments.Voilà bien ce que je retenais .Comme quand vous allez voir un film romantique au cinéma. Au final , une fois qu'il prenait fin , on se sentait tout heureux et on continuait à vaquer à nos occupations.

J'étais reconnaissante envers l'univers (Dieu pour ma part) pour ce merveilleux moment accordé.

Comme par magie le lendemain Monsieur m'a reparlé et a tenté de me manipuler en me sortant « dis moi tu es sûr que cava ?»

Et encore une fois c'était reparti dîner par ci ,rencontre avec mes amis , discussions profondes et humoristiques.

Il avait même parlé de moi a son meilleur ami qui vivait dans un autre pays.

Il essayait vraiment de se rapprocher de mon entourage et ca me plaisait.

Mais ca se voyait qu'il avait un côté manipulateur, dans le sens où il s'y connaissait dans la matière.Il maîtrisait l'art de séduire sans avoir besoin de trop en faire.

J'étais moi-même dans mon état naturel sans chercher à l'impressionner, j'avais besoin qu'il me fasse sentir que je pouvais m'ouvrir à lui malgré que dans le fond j'avais parfois des doutes.

Je me sentais bien en sa présence. Tout se déroulait parfaitement bien .Bien qu'il recommençait à prendre ses distances.

J'avais tout sauf besoin d'un homme qui ne saches pas ce qu'il voulait. J'allais surtout pas me mettre à lui courir après.

Ce jeu de « fuis moi je te suis , suis moi je te fuis » c'était un jeu de gamins pour moi .

On était assez mature . Et si quelqu'un voulait me torturer l'esprit alors que j'étais en paix déjà de base c'est que ca n'en valait pas la peine .

J'avais décidé de ne plus faire d'efforts .Si il voulait que les choses prennent cette ampleur c'était son choix .Moi j'avais besoin d'un Homme qui fasse tout pour me garder .Bien sûr les efforts que j'aurais eu à fournir allaient suivre mais en aucun cas si lui se comportait comme un légume.

Comme je vous l'avais dit c'était à prendre ou à laisser.Je n'allais pas me jouer à Miss Monde pour l'impressionner.

J'avais décidée d'être franche avec lui et j'avais été là-dessus.Je lui avais fait savoir ce qu'il en était de moi et que je n'étais pas une gamine pour jouer au jeu de « fuis moi je te suis et suis moi je te fuis. »

On en avait parlé pendant des heures.Et de là j'avais pris la décision de tirer un trait sur lui-même si tentait à nouveau de se rapprocher de moi.

Et voilà qu'il revenait encore mais j'étais brève. Je ne lui accordais plus d'intérêt.

Mon beau-frère et moi avions eu plusieurs conversations et j'étais tellement heureuse, c'était tout ce que j'attendais qui était en train de m'arriver.

Il m'avait fait savoir qu'il savait que j'avais enduré beaucoup de choses difficiles, qu'une autre femme que moi aurait succombé et serait rentré dans un déni total , qu'en dépit de tout j'avais la tête sur les épaules.Il avait déduit que j'étais une femme forte pleine de qualités ,déterminée et surtout respectable et qu'il était fière de moi car même en l'absence d'un père et d'un frère qui n'adsumait pas ses responsabilités j'avais réussi à passer au dessus de tout ça et à garder mes principes et mes valeurs.

Il m'avait soutenu , m'avait faite sa promesse que dorénavant il réagirait comme un père biologique et qu'il serait à mes côtés.

Je passais beaucoup de temps avec lui .J'avais rêvé de ce moment depuis mon enfance.Avoir un père.

Quelqu'un à qui pouvoir me confier. Quelqu'un qui me conseillerait, qui m'écouterait, qui me comprendrait et qui serait à mes côtés.

J'avais tellement de respect pour cet Homme .J'avais si honte de lui .

C'était un exemple pour moi .

Lui aussi s'était battu dans sa vie pour arriver au trône. C'était un grand homme , plein de principes .

J'avais tellement d'admiration pour lui.

Comme le hasard fait bien les choses ,j'avais rencontré pleins de couples qui avaient été marqués par les miracles du destin. Leur rencontre était fascinante.

C'était pour moi un signe de Dieu comme quoi , il me fallait juste un peu de patience et surtout qu'il fallait garder la foi , car tout est possible par son pouvoir.

Quand il avait décidé d'unir ses couples qui n'avaient rien tenté de faire à l'avance , qui ne cherchaient pas et qui vivaient leur vie tranquillement, il les avait unis avec sa bénédiction , avec de l'amour pur et beaucoup d'épanouissement.

J'avais compris combien il était présent partout , à tout moment et que rien ne pouvait passer inaperçu pour lui.

Je n'arrêtais pas d'avoir des réponses à toutes les questions que je me posais auparavant.

Je n'avais plus aucun intérêt pour les hommes, car je venais de loin ,j'avais réussi à atteindre une certaine stabilité avec beaucoup d'endurance.(par la Grâce de Dieu.).

Je m'étais battue pour être la femme que j'étais. Si un homme devait rentrer dans ma vie , ça serait quelqu'un qui connaîtrait ma valeur et qui ferait tout pour me garder dans sa vie .

Je me sentais parfaitement bien , Dieu avait répondu à mes prières.

Mettons de côtés mes désirs, qui restaient des artifices de la vie , pensons à l'essentiel :

J'avais atteint la stabilité, j'étais tranquille, en paix , débarrassée de toute crainte et pression.

Ma vie était en parfaite harmonie ,comblée de l'amour et de la paix de Dieu .

Quand Dieu déciderait du bon moment de faire rentrer un homme dans ma vie , je l'accueillerais et je saurais qu'il s'agirait de sa volonté, et que je n'aurais rien à craindre car tout ce qu'il prévoit est bien mieux que ce qu'on souhaite.

Tout arrive à point à qui sait attendre.

Que sa volonté soit faite .Désormais je ne passerais plus à côté de l'essentiel mais j'ouvrirais les yeux sur la chance que j'ai.

Je connaissais ma valeur. Je m'aimais et je ne désirais pas être autrement que celle que j'étais.

J'étais fière de moi .

Un matin alors que je faisais une allergie à un produit que j'avais étalé sur mes cheveux pour les lisser, j'étais en train de me prendre la tête avec une imprimante qui avait une défaillance.

Ce jour là j'étais habillée de sorte a ce que mon corps était bien couvert. Je me retourne en haussant la voix pour crier à l'aide et je tombe de face à face à un homme bien charmant qui me regardait en souriant et m'avait lancé un « Bonjour. » , je le regardais ,les joues rouges de honte.

Une fois lui avoir répondu il me dit « ça n'a pas du tout l'air d'être votre journée. » toujours avec un sourire plaisant.Il avait l'air émerveillé et moi j'étais terrifiée de honte.Suite à cet événement nous avions fait connaissance et ce fût une belle rencontre malgré le fait que j'avais réalisé qu'il n'était pas fait pour moi et que je voulais même tenter de créer une rencontre entre Lui et une de mes copines Tania .

Cet homme avait été marqué par le fait que j'étais maladroite et en dépit du fait que mes yeux étaient enflés et pleuraient par la brûlure il me regardait comme quand un bébé dit ses premiers mots .

Et ce jour là en particulier, je m'étais faite abordée à plusieurs reprises.

Une fois de plus cet événement quelconque me rapprochait un peu plus de celle que j'étais : aimez vous tels que vous êtes, car quelque soit la façon dont vous vous vêtirez et quelque soit l'état dans lequel vous serez , celui ou celle qui vous méritera irait au-delà de vos défauts . Ils ou elles vous aimerait pour celle que vous êtes vous et tous les détails qui vous composent .

Ce n'était pas un hasard mais j'étais persuadé que c'était un signe du destin et que il y avait une bonne moralité derrière ça.

J'étais toujours en quête de moi-même, je sentais que j'avais un mystère à percer mais je ne savais pas ce que ça pouvait être.

Par moment je me sentais oppressée sans raison particulière, comme si Dieu voulait me faire passer un message mais ne sachant pas quoi exactement.Je voulais seulement être sur la bonne voie.

J'avais été hacké par mon téléphone je ne sais comment et c'était pas du tout évident.D'anciennes conversations de mon ex et moi dans lesquelles il me donnait des noms doux comme « mon petit bébé » avaient été envoyé à sa femme .Ces conversations ne contenaient rien qui pouvaient me nuire par contre lui si . Et il avait crû que j'étais l'auteur de ce scénario et avait pété les plombs.

Mais ce n'était pas tout .Déjà que l'informaticien m'avait prévenu que quelqu'un cherchait à me faire du mal car le logiciel utilisé était performant et très cher, qu'il était même utilisé par le mafia mais ils avaient réussi à hacker la société toute entière.Nos programmes avaient été pris en hottage.Ils avaient tenté de nous faire chanter et comme nous avions refusé de céder , ils avaient supprimé tous nos données.

On ne comprenait pas le pourquoi du comment , ni qui c'était mais une chose était sûre c'est que c'était quelqu'un de mon entourage car la personne était informée de qui était mon ex et pire : qui était sa femme.

Ma vie était vraiment un film .

On tentait toute fois de me hacker sur les réseaux sociaux mais pour en venir à là c'était problématique.

Qui pouvait être cette personne ? Et que voulait elle ?

En ce moment même où j'écrivais je sentais que mon téléphone était sous surveillance et que quelqu'un savait parfaitement tout ce que je faisais.

Une enquête était menée , nous étions dans l'attente en espérant trouver le suspect.

Entre temps, j'ignorais pourquoi, mais j'avais un fort sentiment que bientôt, j'allais rencontrer quelqu'un et que ça allait être le bon .

J'avais cette forte conviction j'y croyais comme si c'était déjà le cas .Je disais même à mes copines de se préparer et que ça allait être pour bientôt , cet amour et ce bonheur que je partagerais avec quelqu'un.

J'avais la foi foi t je savais combien Dieu était bon et que lui seule avait le pouvoir sur tout.

Je savais que quand on avait une bonne conscience et des intentions pures , La magie et la volonté de Dieu opéreraient d'une meilleure façon que ce qu'on pouvait souhaiter de base.

Je regardais sur les sites les robes de mariée comme si je devais la choisir et que je devais bientôt la porter .

Ma fille ,pour la première fois m'offrait un dessin sur lequel elle m'avait dessiné en robe de mariée et elle en robe de fille d'honneur.

CHAPITRE 11 : UNE NOUVELLE ÉTAPE, DE NOUVELLES EXPÉRIENCES

Des miracles se produisaient par la grâce de Dieu dans ma vie .j'avais les étoiles en plein les yeux.

Mes intuitions étaient fortes.Je recevais des sortes de messages profonds à l'intérieur de moi comme si j'étais guidée et protégée. C'était merveilleux.Dieu était merveilleux.

Je ne saurais vous l'expliquer mais j'avais compris ce que c'était que la foi .La vrai . Celle qui ne contenait ni craintes et ni doutes. Celle qui vous donnait la conviction que vos rêves prendraient formes quelques soient les circonstances.

Il y a un certain Jeune homme Mike qui avait tenté à plusieurs reprises de me parler sur les réseaux sociaux à qui je ne répondais jamais ,mais qui me paraissait très respectueux dans sa façon de m'aborder.Un bon jour , quelque chose me disait de lui répondre. Je l'avais fait .Moi qui habituellement ne répond jamais aux personnes que je connaissais pas .

Il m'avait l'air sérieux et m'avais l'air d'avoir la tête sur les épaules.

Il m'avait rejoint un soir pendant que j'étais à une soirée karaoké avec des amis . Il s'était bien intégré.Il avait été très sympa et respectueux.

On s'était échangé nos contacts.Il était très attentionné et affectif.

J'étais émerveillée. Mon entourage m'avait conseillé de tenter ma chance et de tenter de m'ouvrir à lui car ils leurs avaient inspiré quelque chose de positif.

Et pour faire drôle, l'une se mes sœur m'avait demandé d'arrêter d'être agressive et d'arrêter d'être fermée.

Oui je vous l'avoue m'accrocher me faisait peur mais lui , il ne me donnait pas le choix . Il remplissait mon temps. Il était à mes soins et je trouvais ça mignon.

Pour la première fois je ne trouvais pas ça collant.

Peut-être qu'il était destiné à moi ?

Je ne savais pas .

Mais j'observais tout comme il me l'avait si bien dit « moi je ne parle pas . J'agis.».

Je voulais qu'il lise mon âme en profondeur, qu'il voit la femme forte que j'étais.

Tout mon entourage avait un bon sentiment le concernant.

Je ne sais pourquoi lui j'avais accepté de lui donner sa chance pour la première fois en trois ans je m'étais officiellement mise en couple et je m'affichais avec lui.

J'aimais le fait qu'il ne m'avait pas donné le choix et qu'il savait ce qu'il

voulait. Il était bien ,il persistait à me voir a tout moment.

Il me valorisait devant tout le monde .

Je commençais à m'accrocher à lui et pourtant j'avais peur.

Tout ça était nouveau pour moi .Mais mon instinct me disait qu'il était bien .J'ignore pourquoi mais je me sentais bien avec lui .Il était ce plus dans ma vie . Je me sentais comme une princesse avec lui .Cet amour paternel, fraternel et protecteur, je le retrouvais en lui .

Je me sentais comme une petite fille , et en même temps comme une femme a ses côtés

On continuait à parler lui et moi bien que j'avais trop de doutes et qu'il tentait de me rassurer sans cesse.Je l'avais prévenu que c'était compliqué pour moi et qu'il fallait de la patience et d'après ce que je voyais il était près à assumer.

Les discussions profondes se faisaient rares ,j'avais même voulu tout freiner pour ça mais il persistait en me disant qu'il souhaitait que les choses aillent doucement.

Je lui donnais le bénéfice du doutes ,de toutes les façons j'avais rien à perdre, étant donné qu'il était déjà informé que j'avais des limites et qu'il n' enfreindrait pas mes principes.

Il commençait à changer.Cet Homme que j'avais connu deux semaines auparavant n'était plus le même.Avant il m'appelait tout le temps ,me comblait d'affection et d'attention et la semaine qui suivait plus rien .

Je me suis complètement rétractée.J'avais pas besoin de ça. Un homme pour qui je serais dans le concept de « sois belle et tais toi ». Non !

J'avais besoin qu'on plonge en profondeur dans mon âme.Qu'on me lise comme un livre .Qu'on aperçoit à travers mon regard ma force et mon courage !

Non ! Je ne voulait surtout pas qu'on s'arrête à mon physique !

J'avais beau tenté d'ouvrir des sujets de conversations ou tenter de lui faire comprendre il écourtait toujours tout !

Cette fois ci c'était terminé.Et il ne s'était pas bougé d'un doigt.

Ils avaient quoi ces Hommes à ne pas faire d'effort ?! Ils avaient quoi à abandonner aussi bêtement ?! J'avais trop de valeur pour qu'on ai pas le cran de tout faire pour garder dans sa vie !

Combien de fois je lui avais fait des remarques mais la seule chose qu'il savait faire c'était me faire taire en me demandant de patienter et après silence radio !

Replonger dans cette solitude m'attristait.Mais je gardais la foi en me disant que je n'étais pas seule et que Dieu serait avec moi.

Je tentais juste de trouver des réponses...

Quelle morale je devais tirer de cette expérience ?

Ca m'intriguait ... Je savais que je finirais tôt ou tard par avoir des signes.

Après près de trois années de célibat, Je me met enfin avec quelqu'un pour une durée de deux semaines... drôle oui ,mais bouleversant.

J'allais être patiente et j'avais pas le choix .

J'étais dans une nouvelle phase de ma vie . Je continuais à perdre des amies .Vous avez celles qui étaient présentes que quand elles avaient besoin de moi et qui disparaissaient pendant un bon bout de temps pour qui dorénavant je me faisais rare.

Et vous avez celles qui étaient de vraies amies mais qui avaient atteint le stade où elles ne m'accordaient plus de valeurs parce qu'on avait dépassé le stade du respect.Je leurs avaient tellement laissé s'initier dans ma vie qu'elles me méprisaient.

Habituellement quand je rentrais dans cette zone de turbulences je paniquais.Cette fois ci j'étais persuadée que le meilleur était toujours à venir et qu'après une forte zone d'inconfort venait sûrement un moment de satisfaction.

J'étais prête.Prête à accepter.Prête à patienter.Et prête à accueillir. Mes intentions étaient toujours pures et j'avais toujours donné le meilleur de moi-même aux autres alors je savais que c'était ce que je méritais.

Je méritais d'être aimée .Je méritais le meilleur. J'avais une bonne conscience et mon rêve était d'atteindre le stade où je pourrais contribuer aisément au bien-être et au succès des autres.

Je voulais pouvoir contrôler mes émotions.Mon hypersensibilité me rendait les choses difficiles parfois .Pourtant j'y travaillais dessus. J'aimais le fait de ressentir les choses avec amour et profondeur mais en même temps les autres ne pouvaient pas forcément le comprendre.

Je ne savais pas comment gérer cette phase dans laquelle j'étais.J'étais perdue .

J'avais perdue mes copines les plus proches et elles ,ça leurs était égal. Mais ce n'était pas grave . J'allais surmonter tout ça comme une grande . Il y avait eu pire ...

Dieu avait ses raisons pour tout ...

J'étais en train de faire un burn out , j'étais aussi déçu du monde . Je sentais que ma tête allait exploser.Encore une fois je criais à l'aide mais j'avais l'impression que personne ne m'entendait ,bien que je savais que Dieu était à mes côtés. J'avais besoin qu'un miracle se produise... Je me sentais seule au monde ...c'était du déjà vu mais cette fois ci j'étais éveillée et consciente. Je savais qu'il fallait juste que je lâche prise et que j'accepte ma situation.

Bien que tout était confus j'étais persuadée que le soleil finirait par se lever et que ce mauvais nuage passerait.

J'avais décidé de retirer encore une fois cette histoire d'hommes de ma tête.je n'y croyais plus . à chaque fois que je m'ouvrais ils me rappelaient pourquoi je m'étais renfermé.

Tous ceux que j'avais rencontrés pour la plus part du temps étaient intéressés par mon physique et non par mon âme.

Un jour viendrait et Dieu me donnerait ce que je mérites. Je vous le redis encore une fois j'étais persuadée que je méritais le meilleur pour moi .

Toutes ces expériences me mèneraient à quelque chose de merveilleux.

Je laissais le destin s'en charger et je gardais patience.

Ce mois ci était plein d'émotions. J'avais perdue mes copines d'enfance parce qu'elles considéraient que tout ce qu'elles faisaient pour moi étaient de la charité.

Avec tout ce qui s'était passé , j'en venais à me dire qu'un nouveau cycle était en train de prendre forme .

Bien que ça me perturbait ,dans Le fond j'étais impatiente de savoir ce que Dieu le plus merveilleux ,le seul et l'unique Maitre de mon destin me réservait de beau.

J'avais un carnet dans lequel je notais mes souhaits et tout ce que j'aurais aimé accomplir dans ma vie .

Figurez vous que j'avais noté que je voulais apprendre à jouer un instrument ,de la guitare ou du piano et juste une semaine après ,je rentre dans mon bureau et je vois une guitare qui m'avait été offerte par un de mes collègues qui ne savait rien de ma vie et juste une semaine après je rencontre un professeur de guitare par hasard comme ça dans un karaoké.C'était merveilleux comment parfois la magie pouvait opérer inconsciemment.

Encore une fois ,un autre Homme rentre en jeu , cette fois ci c'était un homme à qui je n'aurais jamais cru pouvoir un jour donner une chance d'approfondir les discussions avec moi .

Il était tout sauf le type d'homme qui pouvait me plaire .

Ma famille le connaissait et m'avaient conseillé de lui laisser le bénéfice du doute .

J'avais finis par accepter et même chose encore plus étonnante j'étais en train de m'accrocher à cet Homme .

Il m'avait l'air tellement gentil , attentionné.Il remarquait certaines choses que d'autres n'avaient jamais remarqué.Et surtout il me faisait me sentir en sécurité en me parlant d'avenir .Nos discussions étaient productives .

Tout se passait tellement bien , et ce qui m'attirait encore plus chez lui , c'était le fait qu'il n'avait en aucun cas tenté de virer sur un sujet qui concernait mon physique.

Du jour au lendemain tout a changé. Il m'était près de 5h avant de répondre à un texto et il me donnait de faux rendez-vous.J'avais voulu arrêter toute communication mais il avait insisté pour que je lui redonne une autre chance , chose que j'ai faite en dépit de tout son manque de respect et de considération.

Et devinez quoi ? Il n'a en aucun cas changé.

Même je m'étais attachée à lui et que je savais que m'en éloigner allait me faire du tord , je n'étais plus prête à rentrer dans ce genre de relations toxiques.

J'étais ma propre priorité et j'avais pas besoin de le mendier chez qui que ce soit d'autres.

Personne n'est trop occupé.C'est juste une question de priorité.

J'avais mis fin à tout ça malgré la douleur et la souffrance qui a suivie après.

Et lui , tout ça lui était égal.Il n'avait fait aucun effort pour se rattraper.Pire encore , il m'ignorait vis-à-vis .

J'avais plus rien dit . J'avais laissé le destin s'en charger car j'avais été bien avec lui .Je lui avait accordé de mon temps et mon énergie.

J'avais appris que Dieu m'avait épargné de cet Homme aux allures d'anges .

J'avais découvert qu'il était dangereux et manipulateur et que je n'étais pas la seul avec qui il jouait.

Qu'il avait pour habitude de s'amuser à parler à plusieurs filles en même temps et que c'était un « nouveau riche » qui avait l'argent qui lui était monté à la tête et qu'il avait perdu sa foi .

Alors que moi ce qui m'avait accroché à lui c'était l'image de l'homme pieux qu'il laissait paraître.

J'étais dépassée par ce qui se tramait. Mais j'étais persuadée encore une fois que je comprendrais avec le temps .

J'avais des intentions pures , alors pourquoi m'inquiéter ? On ne fait pas de mal aux personnes comme moi . Ce genre de personnes qui n'ont que de l'amour et la foi en elles ..

Chapitre 12 :Un Choc Post-traumatique

Alors que je planifiais mon voyage pour Paris car je faisais un burn-out et que j'avais vraiment besoin de repos et de me changer les idées, des événements se sont présentés à moi et ont bouleversé mon esprit à 180•.

Alors comment vous l'expliquer ?

Vous vous souvenez que je vous avais parlé des discussions entre mon beau-frère qui était m figure paternelle et moi ?

Il m'a avoué avoir des sentiments pour moi .Moi qui était censé être sa fille et la sœur à sa femme.

Dans les débuts ,je ne réalisais pas ,il s'agissait pour moi de l'admiration pour la personne que j'étais.

Mais au fur et à mesure du temps ,je commençais à me sentir gênée et quelque chose n'allait plus.Mon lieux de travail était devenu un enfer pour moi .Je sentais que j'étouffais et tout mon enthousiasme et mon épanouissement s'étaient enfuis.

J'arrivais plus à faire quoi que ce soit .A chaque fois qu'il allait m'appeler pour que je me présente à lui au bureau ,je sentais que j'allais faire un AVC .

Mon père. Ma sœur.

Je ne savais plus quoi penser ,ni quoi faire .Tout ce que j'avais envie c'était fuir loin d'ici .

C'était la cerise sur le gâteau.

Mais pourquoi ?! Je méritais pourtant d'être heureuse et en paix !

Ma vie était une série mexicaine interminable .Sauf que moi ce n'était pas fictif mais réel !

Je commençais à perdre complètement l'appétit , le stress me rongeait.

Au début il était censé financer mon voyage parce qu'il était « mon père adoptif » ,mais là les choses avaient changé pour moi .

Je partais sans cette étincelle que j'avais à l'idée de pouvoir enfin aller ailleurs.

En y allant je m'étais retrouvé dans le même vol qu'un ami que j'aimais beaucoup.

Arrivée en France, combien j'aimais Paris ,cette ville historique et son architecture, combien ses habitants étaient froid , repoussant .Ils avaient l'air stressé, toujours pressé.Ils étaient robotisés.C'était triste mais on aurait dit qu'ils vivaient pour travailler et non l'inverse.

J'étais en train de perdre la tête, heureusement pour moi que mon ami était là et qu'il tentait de me faire changer les idées.

Comme quoi , Dieu essaie toujours de nous sauver de nous-même et qu'il n'y avait pas de hasard.

Une chose était sûr, c'est que j'allais me retrouver au chômage car je ne pouvais plus continuer à travailler chez mon beau-frère , j'en devenais malade de cette situation, ça allait contre mes principes et c'était malsain. L'argent be m'avait jamais retenu dans un lieu où ma paix était perturbée.

Encore une fois je ne comprenais plus rien.

J'avais plus gout à rien .

Table des matières

Printed by Books on Demand GmbH, Norderstedt / Germany